AN INTRODUCTION TO
ZEN BUDDHISM

禪學入門

世界禪學宗師鈴木大拙
安定內心、自在生活的八堂課

鈴木大拙
D. T. Suzuki

謝思煒——譯

目次

推薦序

世界的禪者——鈴木大拙

地球禪者／洪啟嵩

看到鈴木大拙的禪悟經驗，心中有著十分的親切感受。鈴木先生在二十五歲時，依其師釋宗演（一八九五至一九一九年）而得見性。此前他苦苦參究「無」這一禪宗公案，而「無」字始終橫亙在心，無以吞吐，深覺苦惱。其實，這在參禪過程中，正是疑情迸現的相狀，但當參悟時，他說道：「我從禪堂走向寺廟裡的宿處時，只見月光下的樹和我自己，皆澄澈透明。」因為「……我已不再意識到『無』了，我已與『無』合為為一了，與『無』打成一片了。」

禪者在參禪過程中，對自身及自心所意識境界，產生疑情，當這疑情隔膜透脫化除時，身心意識統一，三昧澄境，輕安現前，到最後連此一如境界也泯然寂滅，絕後再蘇，正好商量。

鈴木先生這與「無」打成一片的境界，再來是否向上一著，失手碎了古鏡，且莫是本文探索的範圍。但是他的悟境，正是使他成為「世界禪者」的最重要力量。

「狗子無佛性」是唐代趙州從諗禪師（七七八至八九七年）的重要公案，從黃檗希運禪師（生年不詳至八五〇年）起，即教人看趙州的「無」字公案。黃檗門下的臨濟義玄（生年不詳至八六七年）創立了「臨濟宗」，而北宗楊岐派的法演禪師（生年不詳至一一〇四年）亦以此法教人參禪，而其再傳弟子大慧宗杲禪師（一〇八九至一一六三年）大弘看話禪，因此，參「無」字公案的看話頭，成為臨濟宗參禪的通用方便，影響深遠。

這方法也成為日本臨濟宗最重要的禪法，而鈴木大拙依止的釋宗演禪師，亦為臨濟派下，因此，鈴木大拙也依看「無」字公案而開悟。而此見性的體悟，成了鈴木大拙的生命核心，並依此而影響了世界。

一個人的絕對精神，一向是禪法的究竟根本，因此百丈懷海禪師（七二〇至八一四年）說：「佛是無著人、無求人、無依人。」，而「自由人」，更是南泉普願（七四八至八三四年）、百丈與黃檗師弟之間所特別強調。

南泉說：「佛出世……他是自由人。」

百丈說：「祇如今於一一境法都無愛染，亦莫依住見解，便是自由人。」

黃蘗說：「不起一切心，諸緣盡不生，即此身心是自由人。」

如此自由自在的禪風，成為禪者的真精神。百丈更說明：「自古至今，佛祇是人，人祇是佛。」人的圓滿自覺的生活，便是禪。

因此，鈴木大拙才會說：

透過禪修，我們認識到日常生活的根本事實。因此，禪在最平凡、最平穩的一般生活中表現出來……禪的問題只牽涉到人生當前發生的事，因此它具有原初的創造性。

鈴木先生在一九〇〇年三十歲時，出版了《大乘起信論》的英譯本，引起了學界注目。這讓我想起在此前十年的一八九一年，這本《大乘起信論》便由楊仁山居士（一八三七至一九一一年）與美國傳教士李提摩太（一八四五至一九一九年）合作翻譯成英文。

雖然楊仁山先生是現代中國佛教之父，他卻不只復興了近代中國的佛法，也影響了整個當代中國思想界，是清末民初中國佛教出死入生的轉折人物。但我想鈴木先生的英文造詣與持續在西方的講學，卻對西方世界帶來了更為重大的影響。

身為一個禪者，觀照著鈴木先生，心中有著甚深的共鳴。看著他參禪開悟的過程，也讓我想起在二十歲時，在禪堂中參「無」的過程，那疑情的生起，到斷破三際，打成一片，乃至原來，彷彿歷境相生。

我們看到鈴木先生是一位「學者而禪者」，更是一位「禪者而學者」，這兩者相應不悖在世界上散發著禪的光明。

一個禪者顯現的平常心，在鈴木先生的九十六歲人生中，用一生的精進如實地顯現。在《景德傳燈錄》卷八中記載：

南泉因趙州問：「如何是道？」
泉曰：「平常心是道」
州曰：「還可趣問否？」
泉曰：「擬問即乖！」
州云：「不擬爭知是道？」
泉云：「道不屬知，不屬不知；知是妄覺，不知是無記，若真達不疑之道，如太虛廓然洞豁，豈可強是非也？」州於言下大悟。

因此，達摩西來，尋的是一個不惑的人，鈴木東去，也是在西方世界播下一顆覺的種子。禪者的一生孜孜矻矻所行的，不過是真實的道理。看著鈴木先生所行、所書，我傳禪四十餘年來的心境，亦相應如斯。

這個世界的發展，令人念頭更碎、心更難定了，但是禪者的精神，從古到今，都是永遠的如實精進。在這個時代裡，看到鈴木先生的大著《禪學入門》不斷地相續，影響著現代世界，心中實在充滿了讚嘆與歡喜！

當地球邁入太空時代的前夕，如何將這世界翻轉成覺，在未來的太空時代，如何傳禪，都是未來禪者必行的。願我們如是共行向前，開創覺性的地球，成為覺性宇宙的光明所在！

譯者前言

鈴木大拙（一八七〇至一九六六）是日本著名禪宗研究者，在世界上也享有盛譽。曾任東京帝國大學講師、大谷大學教授、美國哥倫比亞大學客座教授等職。二十七歲首次到美國，後多次到美國和歐洲各國教學、演講。一生著述宏富，除日文著作外，並用英文寫作了大量有關禪宗的著作，在西方思想界引起強烈反響。研究內容除禪宗思想外，還包括華嚴、淨土等佛教思想。一九七〇年在其百年誕辰時，日本編輯出版了共有三十二卷之巨的《鈴木大拙全集》。

鈴木大拙的禪學研究，一方面以其自身對禪經驗的深切體會為基礎；他從二十一歲進鎌倉圓覺寺從著名禪師今北洪川學禪時起，就將全身心投入到禪的世界中。另一方面，又以深厚的東西方哲學修養作為背景。他熟悉西方近代哲學、心理學等方面的重要論述，曾從事佛教典籍的英譯，以及西方哲學與禪學著作的日譯。

因此，他的研究具有如下特點：第一，能夠深入其內，以實際體驗作為基礎，作出一定的分析說明，對禪的種種闡發比較符合禪的本意。第二，具有世界眼光，在東西比較的基礎上，對禪的特點有更為深入的把握，表現出較深刻的哲學洞察力。第三，和信仰密不可分，他堅信禪是東方精神的寶藏，並以弘揚這種精神為己任。這使他的著作常常混有信仰和說教的成分。

他從禪的內部來解說禪，避免生硬地搬用西方哲學觀點，對禪進行臆測。此外，他超越舊禪師的個人直覺法，不只打破語言概念，還吸收了現代的思想方法，使禪的思想性可以在更廣泛的基礎上得到交流。從嗣承上講，他屬於臨濟宗系統，對公案禪（看話禪）特別傾心。因此，對禪的闡發也集中於禪的思想性問題。對靜觀默想、單純坐禪的修行習氣，則頗多批評。

特別引人注意的是，鈴木大拙的禪學研究在西方引起強烈的迴響。可以說，主要是由於他的推動，禪學已成為在西方思想界引起廣泛興趣的話題。造成這種迴響的首要原因是，第一次有人準確地將禪宗思想介紹到西方，從而使人們了解到一種和西方傳統思維方式完全不同的思想。西方思想界由此發現兩種不同的思維方式，以及兩種不同文化傳統的區別和對立，但他們對禪宗的興趣不僅於此，甚至那也不是主要的關注焦點。背後有更為重要的原因。十八世紀歐洲啟蒙主義者曾對中國的儒家思想發生興趣，那是因為儒家思想符合當時理性主義思潮的需求。儘管，那種儒家思想被啟蒙主義者作了為我所需的引申和發揮。禪宗思想那時沒有引起西方注意，在二十世紀時才受到關注，正是因為它的反理性色彩與現代西方思潮有某種內在的相合之處。鈴木大拙從禪的內部作出解釋，使更多人能扼要理解禪的思想，於是恰好符合了現時西方思想界的需要。從第一次世界大戰後的德國現象學和存在主義哲學家，到六〇年代法國結構主義的理論家，受到禪宗思想影響的痕跡很清楚，觀點也多少與禪宗相契合。據說，海德格在讀鈴木的著作時說：「這正是我在我所有著作中所要說的。」（參看威廉・白瑞特〔William Barrett〕編，《鈴木大拙選集》〔*Selected Writings of D. T. Suzuki*〕，〈導言〉）創立「集體無意識說」的榮格，對鈴木大拙的研究也頗感興趣。現在，禪學研究已成為一門國際性的學科，並和當代思想界的許多重大問題有密切關係。因此，將鈴木大拙的著作介紹給廣大讀者，無疑是有必要的。它不但有助於研究中國和日本的禪宗歷史，也有助於了解一些現代西方哲學的背景和內容。

透過《禪學入門》這本主要著作，作者在西方產生廣泛的影響。這是一本入門書，因此與嚴格的學術著作有所區別。它屬於作者的早期著作，其中某些表述，作者也認為有修改的必要。儘管如此，本書卻具有以下一些特點。首先，本書內容較為全面，可以反映作者禪學研究的基本觀點和大體面貌；作者也認為，它可以作為他其他著作的「索引」。其次，它帶有普及性，原本就以一般西方讀者為目標，因此篇幅不長，具有深入淺出的特點。第三，本書重點放在闡發禪宗思想的意義，避開歷史材料常有的冗長敘述和學術考證，而作者的研究最具時代特色之處，便是闡發思想。由於這些特點，本書在西方和日本都是一版再版，已成為西方人了解禪的基本著作。因此，不讀此書，就往往不能了解晚近一些西方學者評述禪學的出發點在哪。

本書的見解，在以下一些問題上是值得我們思考的。首先，是禪宗與悖論的關係。本書沒有用「悖論」這個詞，而是經常使用「兩難」（dilemma）這個概念。正如作者所說，使用兩難論法是禪宗接引後學時必須採用的方法。本書強調禪的「非邏輯性」，而造成這種非邏輯性的原因，如作者所說，正是由於邏輯思維在事實面前陷入窘境：「無論在哪個時代，哲學家對於所謂科學和知識的問題，傾注了自己邏輯上的聰明才智和分析智慧，然而立場卻是完全對立的。」人類思維一向為兩難命題、二律背反、悖論、難解的惡性循環等所困擾。悖論的存在說明了邏輯思維的有限性。在禪宗大量的詭辯、謬論和奇談怪行之中，所包含的真正內容，就是悖論。禪宗在思想史上以荒謬的形式特別強調了悖論，對於突破形式邏輯的束縛，促進人類認知領域的發展，無疑是有意義的。對於悖論的意義與了解，科學界也經過了漫長的探討過程。本世紀還有學者提出「羅素悖論」和「希爾伯特計畫」，企圖把悖論排除在數學之外。直到「哥德爾定理」問世，指出人類無法用邏輯來證明邏輯提出的問題，科學界最終才承認悖論的地位。而本書作者完全贊同禪宗的方法，認為理性在悖論面前完全無能為力，只能靠超越理性的「悟」來消除悖論，就這一點來看，禪學與科學的區別就非常明顯。科學承認悖論，同時認為透過理性就能掌握悖論，並以此推動科學和人類思維的發展。當然，科學界達到這種理解是有許多前提的。禪宗與悖論的關係清楚地表明，禪宗的反理性色彩，乃至現代反理性主義思潮，都有著科學發展和認識論上的深刻原因。

其次，是關於禪宗「即心是佛」的觀念說明。本書作者強調，禪以個人經驗為一切，即所謂「內在的精神經驗」，「禪只會把絕對的信仰置於個人的存在之上……只有活生生、關鍵的生命事實才是禪所要抓住的」。有些人認為禪是純粹的虛無主義，有些人則傾向把禪和禪那、冥想、中世紀神祕主義等混為一談，對此他都強烈否定且反對。禪宗否定任何外在的權威偶像，這已是常識；而本書作者還特別強調禪與其他宗教空虛感、幻滅感之間的區別，強調禪的實際性、生活性、對人生意義的追求。透過這種解說，禪宗的宗教意識似乎更像是一種生活意識、人生態度。禪這樣注重「經驗」、「實際」、「個人存在」的意義，作者也有所說明，那就是為了擺脫「思維的二元主義」。「在禪中，主觀與客觀、思想與存在的二元論是全然不存在的。」正是在這裡，我們可以看到禪宗與現代西方現象學或存在主義的某些類似之處。禪宗說：「萬法歸一，一歸何處？」萬物為神所創造，但神又住在哪？這種神的存在是無法證明的。禪宗提出「即心是佛」的觀念，為它找到歸宿，存在之謎只能在「真我」中尋求解決。海德格以「此在」

（Dasein）來說明存在，其思想歷程也應作如是觀。此外，禪宗與現象學的「面向事實本身」，也都是企圖透過現象、經驗來擺脫主客觀的對立關係。當然，禪宗終究是一種更精緻的宗教唯心主義。如本書作者所說：「禪的無宗教性僅僅是外表。」「禪的幻想，是企圖以「悟」來泯滅自身與客觀存在之間的界限。本書作者由於未擺脫宗教意識，所以始終不願捅破這層幻想的窗紙，而稱禪所宣導的是一種「任何對立都不存在的絕對領域」。不過從禪宗的這種思想歷程中，我們也可以在某種新的演進層次上發現唯心主義與宗教之間不可斬斷的血緣關係。

此外，有關禪宗的直觀思維方式以及禪與無意識的關係等問題，也是近來理論界十分感興趣的問題，本書對此也有一些基本的說明。特別是書中引用了大量的公案實例，可以作為禪宗思維方式的具體例證。作者還特別指出，由於禪是知覺的、直感的，因此「在詩中比在哲學中更容易找到禪的表現形式」。這也是有意義的，足以說明禪宗對文學和文學思想的滲透。當然，本書也滲透了作者的宗教意識，貫穿了作者想要以禪去拯救世道人心的願望。我們與作者研究禪的目的大不相同，因此當然會作出辨別。

本書原是作者用英文寫的，後譯為日文。日譯本又有幾種：古田紹欽譯《禪學入門》，昭和十五年（一九四〇年）大東出版社出版；坂本弘譯《通向禪學之路》，昭和二十四年（一九四九年）法藏館出版；增原良彥譯《禪佛學入門》，昭和三十九年（一九六四年）春秋社出版。其中前兩個譯本都是經過作者審訂的。這個中譯本是根據古田紹欽的譯本，並參考了坂本弘的譯本。古田紹欽是作者的學生和合作夥伴，並且是作者全集的主要編者，也是日本著名的禪宗研究者。

書中原有大量引文，但因是介紹給西方讀者，所以多採意譯或夾敘夾議的方法。中譯本儘量將其恢復為原文，但因原書引文大多未註明出處，也有個別引文未能查到出處，敬祈讀者見諒。為方便讀者，譯者在原文下均註明出處。禪宗典籍多有相同之處，譯者首先根據的是《五燈會元》。儘管原文可能見於更早的《景德傳燈錄》等，但《五元燈會》跨越更長的時間，更為流行，並有新的整理標點本，便於查閱。其他則根據《大正藏》和《續藏經》本。此外，還有少量註腳，均為譯者所加。

英文本序

這裡收集的數篇論文，原是為第一次世界大戰時羅伯森・史考特（Robertson Scott）編輯、在日本發行的英文雜誌《新東方》（*New East*）寫的。羅伯森曾勸我把它集為一書出版，但當時沒有認真考慮。以後，它們又成為英文《禪論》（*Zen Essays*，1927）的素材。結果，《禪論》第一卷大體談的也是同樣的問題。

但是最近，又想到把這些舊稿整理為一書。主要是考慮到，由於《禪論》過於浩大，對於剛接觸禪知識的初學者來說，恐怕過於困難。因此，在海外友人之間，入門書應該更受歡迎。

抱著這種想法，我將舊稿全部過目一遍，訂正了措辭、用語方面不正確之處。不過，有兩三處，儘管覺得表達方式不盡合適，但未做改動。因為如果要改動，就必須全部改寫。在沒有明顯謬誤的情況下，也就不勉強修改了。

此書作為禪的入門書，是較為合適的。如果將其作為索引，進而研讀我的其他著作，也是可以的。在本書中，我並沒有企圖從學術角度來探討問題。此外，本書的姊妹篇《禪堂的修行與生活》（*The Training of the Zen Buddhist Monk*，1934）、《禪學指南》（*Manual of Zen Buddhism*，1935）也出版了。它們可與《禪學入門》一併閱讀，我相信對讀者將會有助益。

鈴木大拙

一九三四年八月於鎌倉

日文本序

必須將自己很久前丟棄的舊草鞋重新拾起來修補，是不很愉快的事情。儘管如此，仍不得不承認它有某種用處，只能將嫌棄之情埋在心裡，這委實令人難堪。因果規律總是會找上門來，自己雖然對此書已不掛在心上，但他人卻未必這樣認為。

於是，只好再檢查一下曾播下的種子。此書原是用英文寫的。第一次世界大戰期間，由英國人出版、在日本發行的英文雜誌《新東方》向我約稿，於是我連續寄去五、六篇稿子，它們後來就成為本書的基礎。當時，英國編者曾建議編為一書出版，但我未掛在心上，於是並未著手進行。之後，常有許多外國友人提議出版，於是在昭和九年（一九三四年），設在東京大谷大學內的全國佛教協會便將這些文章整理出版，就是日譯本的原本，題名為《禪學入門》（*An Introduction to Zen Buddhism*）。

英文原書早已售罄。後來，各地有許多讀者不斷提出需求，但再版之事並未排上日程。而出人意料的是，正當第二次世界大戰進行之際，德譯本卻在萊比錫出版了。標題為《大解脫》（*Die Grosse Befreiung*）。此外，在未成書之前，出版社曾將《新東方》上的文章剪輯下來，譯成日文，以《禪的真髓》為名在昭和八年（一九三三年）春出版。但由於原出版社已解散，恐怕讀者現在已得不到此書了。此外，當時的譯文也多少有些謬誤，我也打算找時間重新修訂。現在則應大東出版社的要求，委託古田紹欽加以訂正，自己也過目一遍。修補舊草鞋之事依然未能免去。

近年來，我懷抱著一個願望，想盡力將東方文化的寶藏，哪怕只是一部分也好，介紹給西方人。當然，這種傳播在東方人世界，也是必要的。特別是近來，在「科學」或「科學性」的名義下，舶來思想已大舉侵入到我們想保護的一些領域。因此，加深我們對於東方文化根基的認識，有很大的必要性。與此同時不要忘記，介紹東方人的經驗和思想，使西方人能夠理解，也非常必要。在此願望促使下，十幾年來，我用外文發表了不少禪的著述。近來，在我國也有人嘗試從各種思想出發，以新的觀點理解禪，這作法令人讚賞。但是，首先得從經驗上去理解禪，才有可能透過思想或知識的形式傳達。單純的知性研究，是不能切中肯綮的，這一點必須注意。一直以來，也有少數人以甚深的哲學洞察力，將者禪的體驗系統化，儘管沒有特別說明禪的意義。

這是甚為可喜的，不管怎樣，希望這種哲學體系能繼續發展。如前所述，這本小書是二十幾年前的舊作，現在重讀起來，自然有些地方感到不滿意。只是相信大體上無錯，就這樣發表了。比起原作，現在重新改寫，可能會採用一些新的敘述和說明方式，但只能有待將來了。

昭和十五年晚夏於鎌倉草庵
鈴木大拙

緒論

佛教在其發展過程中，離開了它原始的基本形態，形成一種特殊形式。這個派別獨樹一格，所以從歷史角度來看，後人就能恰當地把佛教區分為大乘和小乘。大乘也有種種複雜的形態，但畢竟是佛教發展的產物，因此若追尋其源流，和小乘相同，都將追溯至印度的大聖者釋迦牟尼佛。具有無限發展特性的大乘佛教傳入中國和日本後，更是發揚光大。無疑，這是由中國、日本諸國傑出的精神導師來實現的。他們知道如何把本教的信仰原則、各種生活情境以及人民的宗教需求調和在一起。這種調和以及發展不斷延續下去，大乘佛教與所謂原始形態的小乘佛教，彼此的差距愈來愈擴展加深[1]。就大乘佛教的現狀來看，我們不得不承認，在其表面的形態上和組織上，已經和本來的佛教大相徑庭。

因此有人認為，這派佛教不是通常一般人所理解的真正佛教。但我的看法是，任何事物只要本身有生命，就是有機體，其特性之一就是，絕不會停在留在同一種生命狀態中。一顆栗子與聳入雲天的高大樹完全不同，不僅大樹，連剛剛破殼而出的弱小幼芽也與它完全異趣。然而，在這變化的諸相之間，卻不難發現成長的連續性以及它們顯然是同一物的特徵。於是我們完全可以了解到，同一植物是透過如此眾多的發展階段而成長起來。所謂原始佛教，是一粒種子，註定要生出將進一步生長的東方佛教。學者所談論的是歷史上的佛教，而我的問題不僅是佛教的歷史發展，而且要從更深一層的角度出發，扣緊我們的生命，去探討東方佛教中活潑的精神感化力。

在中國、日本發展的佛教諸派中，有一個特殊的教團，它主張直接從佛教創始人那裡接受佛教的精髓與精神。它不依靠任何祕密文字，也沒有任何神祕儀式，在佛教諸派中佔據了最顯赫的地位。這不僅是由於它在歷史上的重要性，還有其獨創性，以及激勵人心的教導方法。學術界稱它為佛心宗，一般人則簡稱它為禪宗。禪與禪那（梵語為dhyāna）是不一樣的，只是梵語的中國譯音，這一點將在下面章節闡述。

在整個宗教史上，這一派在各個方面都佔有無與倫比的地位。從理論上來說，它的教義可歸為玄思神祕主義。只有接受祕傳者，也就是經過長久訓練逐漸洞悉這一體系的人，才能傳達出這種教義的終極意義。不過，有些人未曾獲得這種洞察，也不曾在日常實際生活中體驗到禪，對他們而言，禪的教導和用語既奇怪又粗野，彷彿謎語一樣。這些人大多從概念角度去看待禪，認為它完全不合理，充滿胡言亂語，而之所以這樣，只是為了應付外界的批評，故意弄得不可理解，以保護自己特有的深刻性。但對於禪的跟隨者來講，這種矛盾的教導不是刻意為了將禪隱藏於曖昧之中，而是為了表明，人類語言不是合適的工具，無法表達禪的深刻真理，那是邏輯所無法解釋的。只有在內心深處體驗到，才開始理解禪。事實上，在人類根據經驗所傳達的語言中，禪的表達方式最為直截簡明。「煤是黑的」，這是極簡單的事實，但禪者卻唱反調：「煤不是黑的。」後者也極為清楚，如果探究當中的真理，恐怕它比前面的肯定句更容易明白。

因此，在禪的修行中，個人經驗便是一切。缺乏經驗背景的人，就不能了解相關的理念，這道理再簡單不過了。幼兒沒有思想，是因為心智還未發展成熟，無法以概念去理解事物。即使他們有思想，也不明確又模稜兩可，與現實落差很大。因此，如果面對某事物，要得到最明確而即時的理解，就要親身去體驗。特別是與人生有關的問題，個人經驗絕對不可少。沒有這種經驗，我們就無法準確且有效地掌握到相關的深度作用力。所有概念的基礎都是單一、無修飾的經驗。禪者極為強調這種基礎經驗。在禪的「語錄」文學中，修行者所使用的各種措辭、概念，都奠基於經驗之上。儘管這些措辭與概念是非常有用的手段，能讓我們探究現實的深層意義，但終究只是刻意設計出的技巧。

當我們用這些技巧掌握到最終的現實時，它們就不再有任何意義。在理智的要求下，我們都不會過度相信事物的表層結構。禪修本身並不是為了走向神祕主義，但若你尚未接觸到生命的核心事實，就一定會把禪當成神祕的事物。只要能突破表層的概念結構，那些想像中的神祕性便會馬上散去，修行者同時便得到啟蒙，也就是所謂的「開悟」。因此，禪宗最強調和提倡的，就是這種內在的精神體驗，至於經典以及高僧大德所做的註解，就沒有被賦予任何的內在價值。個人經驗被提升到高位，以抗衡權威和客觀事實。因此，日本禪者都提倡修習「禪那」，也就是「坐禪」，它是達成精神啟蒙最實用的方法。

這裡得稍微談一下，為了獲得前面所說的精神洞察力，以培養禪的基礎經驗，禪者得接受系統性的訓練。就這個面向來看，禪宗明顯地獨樹一幟，有別於於其他的神祕主義。對於一般的神祕主義者來說，強烈的個人精神經驗是獨自產生、偶發且難以預期。基督徒以祈禱、禁欲或者冥想作為召喚神祕經驗的手段，但成功與否，就得寄望於神的恩寵。佛教徒不承認這種超自然作用。因此，禪的精神訓練方法是實際而且有系統的。

從一開始，中國的禪宗歷史就開始明顯地朝這個方向發展。隨著時間流逝，組織也總算成形，發展得有一定的規模。現在，禪宗已具備了實現目的的完整方法。禪的真實價值正在這裡，一方面有高度的思想性；另一方面，正確的訓練方法帶來了豐碩有益的成果，讓修行者更有道德品行。事實上，禪就顯現在它與日常活動的連結，所以我們才可以忽略禪的抽象性，只需在現實中發現禪的真正價值。在豎起一指，或在路上和朋友打招呼這類事情中，透過禪，我們就能發現語言所不能傳達的深刻思想。用禪的眼光來看，最實際的事物，就具有最深長的意味。禪宗在訓練上採取的各種組織方法，都是這種根本經驗的產物。

我們說禪有神祕意味，這無可厚非，畢竟禪是東方文化的基調，西方人很難充分理解東方精神的深邃之處。因為從本質上來說，神祕主義就是反對用邏輯來分析真理，而邏輯又是西方思想最為顯著的特徵之一。東方的推理方法則是綜合的，與其對每個事物一一分析，寧願用直覺來感受整個世界。因此，東方精神——設想它確實存在——必然是曖昧無常，門外漢很難把握其要領。

它就像一物橫亙於眼前，我們不可能視而不見，但一旦費心想進行縝密細緻的檢查，禪就逃得無影無蹤；彷彿是挑釁之後，就避而不見。當然，這並不是東方的思想家與修行者刻意設計的障礙，以避免被人審視。所謂難以洞穿，正是東方精神的根本條件。要理解東方文化，必須首先理解神祕主義。禪也在其中。

但是要提醒讀者，神祕主義具有各種形態，有理性、推理、常識的一面，也有非理性、玄思、奇幻的一面。我說東方是神祕的，並不是說它是空想、不合理、完全超出知性理解的範圍。在東方精神中，有著某種靜寂、安詳、沉默、幽玄，並永久存在的東西。但這種安詳和沉默絕不是指怠惰和毫無作為。所謂沉默，不是毫無生氣的沙漠，也不是長眠不醒、腐朽的死屍，而是掩埋一切對立和限制的「永久深淵」。那是神的沉默——沉思祂過去、現在、未來的工作，靜靜地坐在絕對合一、完整的王座上。同時，它還是「雷鳴的沉默」，就在電流碰撞產生閃光與轟鳴的片刻之間。這種沉默貫穿於東方所有的事物之中。可怕的是，若你把它當作衰敗與死亡之相，很快就會受到衝擊，因為永久沉默會爆發巨大能量。所謂東方文化的神祕主義，就是從這個意義來看。我也明確斷定，這種神祕主義的文化成分，主要就是受到禪的影響。佛教在遠東地區的發展過程中，為了滿足人們的精神需求，發展為禪宗是必然的結果。印度人也崇尚神祕主義，然而他們太強調思辨、冥想，思想過於複雜，對於人們生活的現實世界，卻不夠關切。與之相反，遠東地區的神祕主義直接又實際，簡單得驚人。這就是禪。

除了中國及日本的禪宗，其他佛教派別都明顯根源於印度。那些複雜的形上學、冗長的詞語、高度抽象的推理、對事物真相的洞察，以及關於人生意義的解釋，顯然都是印度產物，完全不是中國或日本的。只要是了解東方佛教的人，一眼就可以看出這一點。例如，真言宗所實行的儀式極為複雜，為說明宇宙規律，還採用細緻的「曼陀羅」體系。

如此錯綜複雜的哲學網，如果沒有印度思想的影響，中國人和日本人是想像不出來的。再看中觀、天臺、華嚴的哲學體系，其中的抽象性和透徹邏輯更是令人驚異。這些事實說明，所有東方佛教的基礎都是由海外輸入的。然而，普遍觀察佛教各派後，再回頭看禪宗，我們不得不承認，它單純、直接又傾向實用，與日常生活密切相關，這些特點明顯地對立於其他佛教諸派。無疑地，禪宗的主要思想是由佛教衍生而來，我們也必須承認，它屬於正統佛教的分支。禪宗得以形成，是因為它符合東方人特有的性格與心理需求。也就是說，為了實際的人生修行，佛教在精神上捨棄了高深的哲學和形上學結構，自然就發展出禪宗。因此我敢斷言，在禪的修行中，我們可以發現遠東地區（特別是日本）所有哲學、宗教以及人生觀的體系和實踐。

1　作者註：更精確地說，大乘佛教的基本觀念都闡述在佛教經典《般若經》中。《般若經》最早的一部至少在佛陀涅槃後三百年內就出現了。無疑地，這些段落所萌芽的觀念，當然屬於所謂的原始佛教。不過，這一派別能持續發展下去，全都有賴於跟隨者有意識地掌握到佛陀教導中最核心的部分，在人生各個變化階段，確實地實踐佛陀的教導。因此，印度佛教徒透過豐厚的修行經驗與內在的反思，發展出大乘佛教的形式，它完全不同於原始佛教。在印度，有兩個主要的大乘佛教派別：龍樹的中觀學派與無著和世親的唯識學派。中國本地則發展出更多派別：天臺宗、華嚴宗、淨土宗、禪宗等。在日本，我們還有法華宗、真言宗、神道教等。以上這些學派或宗派，都屬於大乘佛教的分支。

第一堂

禪是什麼？

在詳細說明禪的意義前，首先要回應幾個關於禪本質的常見批評。禪學是否和絕大部分的佛教教義相同，是一種高深、知性、形而上學的哲學體系？我在緒論中已提到，禪學包含了所有遠東地區的哲學結晶。但不能因此判定說，禪學就是一般意義上的哲學，因為它絕對不是奠基於邏輯與分析之上。以邏輯的前提來看，它本身是二元的思維模式，而禪是心的整體。因此，儘管禪有知性的要素，但心並非是合成物，可分割為多種機能、在經過解析後什麼也不剩。禪師在教導弟子時，並非依靠知性的分析方法，也沒有規定必修的任何教理。在這種意義上，也可以說禪是無序的。修行者即使持有一套教理，也只是為了參照修習，而非為了自我宣傳。因此，禪學中沒有聖典或獨斷的教義，也沒有象徵的公式，讓修行者按圖索驥，直達禪的本意。但若要問禪師教了什麼，我可以回答：什麼也沒有教。即使有什麼禪理與教誨，那也是產生於每個人自己的心中。禪宗僅是指示了道路，它勉強可稱為教誨，但除此之外，禪學中沒有任何精心設計的根本教義或基本哲學。

禪宗認為自己是佛教。然而佛教經典和論釋中講述的教理，在禪宗看來，不過是一堆廢紙，唯一的功用就是拂去知識上的灰塵。但我們不能因此就認為禪是虛無主義，畢竟後者只是為了自我破壞，不具有任何目標。也否定法是實用的手段，但最高層次的真理卻在於肯定之中。禪宗沒有哲學，否定任何權威教義，認為一切所謂聖典都毫無價值；但提到這些特點時不能忘記，在這些否定行為中，蘊含著某種完全正向、永久肯定的事物，這一點將在後面說明。

禪宗是宗教嗎？從一般理解的意義來看，當然不是。它沒有應崇拜的神，沒有應遵守的儀式，沒有規定死者會前往哪個終站。此外，沒有人會來保障來世的幸福，也沒有誰會關心信徒是否長生不老。禪宗擺脫了所謂「宗教」的種種包袱與教條。

「禪宗是無神論」，虔誠的讀者聽到大概會驚詫不已。與其說否定神的存在，其實否定和肯定都不是禪宗所關心的。當我們否定某事物時，也意味著當中有我們無法否定的元素。肯定亦是如此，這在邏輯上是無法避免的。然而，禪宗想超越邏輯，試圖發現更高一層的肯定意義，而不只是否定的對立面。因此禪宗並不討論神是否存在，既不否定、也不堅持，只認為沒有猶太人或基督徒所知道的那種神。禪宗不是哲學，同樣的道理，它也不是宗教。禪寺中的佛、菩薩、諸天人和其他佛像，只是木製、石製或金屬的塑像，就如同我們庭院中的山茶花、杜鵑花和石燈一樣。就禪的精神來講，只要你願意，參拜正盛開著的山茶花就可以。那也是一種宗教儀式，就像參拜佛教諸神、參加教會的聖餐禮或噴灑聖水。

許多有宗教熱誠的人，會把一些虔誠行為當成有功德或者神聖的，但從禪宗的眼光來看，都是人為的。禪者大膽宣稱，清淨的修行者不會進入涅槃，破戒的比丘也不會落入地獄。由一般觀點來看，這與道德世界的常規相矛盾，但禪的真理和生命卻正在這裡。禪宗強調人的精神，信奉人內在的純潔與善。在此之上添加什麼，或奪取什麼，都會毀壞禪的完整精神。因此，禪宗斷然反抗一切傳統的宗教主張。

然而，禪宗僅僅是表面上沒有宗教色彩。真正有宗教素養的人就會驚訝地發現，在禪宗狂放的宣言中，有著眾多的宗教內涵。把禪宗當作基督教或伊斯蘭教那種形式的宗教，是一種誤會。為說明這一點，我舉一個例子，釋迦牟尼誕生時，一手指天，一手指地，說：「天上地下，唯我獨尊。」雲門宗的開山祖師雲門文偃對此評論說：「我當時看到的話，就一棒打死他，並拿去餵狗，這樣就天下太平了。」對於自己的精神導師，怎能發出這種無宗教者的瘋癲語言呢？然而，一位追隨雲門的大師說道：「雲門正是用這種態度，將整個身心奉獻於世。他對佛的感激之情無法言說！」

禪修不能與冥想混為一談，後者常見於「新思想」的探尋者、基督科學會、印度教苦行者和一些佛教徒身上[1]。從禪宗的理解來看，禪那與實際進行的禪修也不相符合。有的人在禪修的過程中，會沉思宗教與哲學問題，但這不是常態，也無法接近禪的本質。禪修的目的在於，參透心的本性，調伏心性，讓它成為自己的主人。禪宗最根本的目標，就是讓修行者深入了解自己心靈或靈魂的真性。因此，禪修不光只是練習冥想以及體驗禪那。禪修是為了開啟心眼，以洞觀生命存在的本質。在一般的冥想活動中，修行者必須專於某種目標，例如神的唯一性、神無限的愛或萬事無常等等。這正是禪宗所要極力避免的，而它所強調的修行重點，就是不受任何拘束，脫離一切非自然的障礙。冥想只是刻意放入想法，不是心本來的活動。空中的鳥，水中的魚冥想什麼了？能夠飛翔，能夠游水，這還不夠嗎？誰有需要把想法專注在天神人合一，或人生的空無呢？又有誰需要冥想神的慈愛、地獄的煉火，把日常活動套上另一種場景，讓自己困在其中？

基督教是一神教，婆羅門教是泛神論的多神教，但對於禪宗就很難如此判斷。禪宗不是一神教，也不是多神教，它不適用於這些分類。因此在禪修中，不需要將意念集中於既定的目標。禪是在空中漂浮的雲，留不住、捉不著，只是隨心所欲地流動。無論怎樣冥想，也不能將禪繫於一處。禪修不是冥想，不需要借助多神教和一神教所包含的主題與意象。禪宗可以是一神教，也就是說，在冥想時，一切差別和不平等都沒入神無差別的光輝裡，從而化為無形。禪宗也可以是多神教，因為它教導我們，田野中的小草也反映出神的光輝。

但禪宗又說：「萬法歸一，一歸何所？」它要釋放我們的心，放下罣礙，甚至連歸一、統合的觀念，也會成為障礙和陷阱，威脅精神本來的自由。因此，禪師把一隻狗、三斤麻當作神，不是要讓你把意念集中於那些東西，如果那麼做，就是在追隨特定的哲學體系，而不是禪修。禪宗重視感受，就像火是熱的，冰是冷的。寒日裡我們冷得發抖，就特別想親近火。當下的感覺就是一切，所有理論都不能觸及真實。然而這裡所謂感覺，也必須在最深刻、最純粹的意義上來理解。甚至連說出「這是感覺」的話時，禪也已經不存在了。禪宗忌諱一切概念化的東西，所以禪意才這麼難以捕捉。

若說禪宗有提倡哪種冥想方式，那就是按照原樣看待一切事物。雪總是白的，烏鴉總是黑的。我們說到冥想時，一般總把它理解為抽象的活動，要將心念集中於更高階、更全面的命題。因此，我們大多認為，從根本上看，冥想與具體的人間事沒有直接而密切的關係。

禪是知覺或感覺，而不是抽象或冥想。禪穿透一切事物，接著融入其中，消失無形。另一方面來看，冥想完全是二元的活動，終究必流於表面。曾在日本傳教的牧師洛伊德（Arthur Lloyd）在《稗子中的麥子：日本佛教研究》（*Wheat among the Tares: Studies Of Buddhism In Japan*）中寫道：「禪修在佛教的地位，就像天主教教士羅耀拉提倡的『神操』。」[2]從此看出，洛伊德極力要在佛教中找到某些類似基督教之處。不過，若你對禪有明確的了解，就馬上可以看出，洛伊德並列的這兩種宗教活動差異非常大。即使透過最表面的觀察，也足以了解，禪的修行與耶穌教會創立者所提倡的神操，兩者毫無共同之處。

羅耀拉所說的默想與祈禱，在禪宗看來，不過是為虔誠教徒精心編織、刻意描繪的空想內容。它們就像是壓在頭上的數重瓦礫，當中沒有精神生活的真實價值。然而有意思的是，「神操」與五停心觀、九不淨觀、十遍處等小乘佛教的修行方式多少有相通之處。[3]名著《日本的宗教》（*Religions of Japan*）一書的作者、旅日傳教士格里菲斯（William Griffis）認為，禪修等同於「終結心靈」和「沉溺於懶惰的冥想」。我不明白他的意思，「終結心靈」也許是指，我們在禪修中把心念集中於一點，以停止心靈的活動；或他認為禪修就是引人入眠。旅日傳教士賴肖爾（August Reischauer）在他的著作《日本宗教研究》（*Studies of Buddhism in Japan*）中斷言：「禪是神祕的自我沉醉。」這番話支持格里菲思的見解。他也許認為，禪修就意味著沉醉於所謂「大我」，類似於哲學家斯賓諾沙說的「沉醉於神」。賴肖爾所說的沉醉，意義不大明確，或許他認為，禪修就是深深地沉入「大我」，那是這個物質世界的最終存在。這些觀點令人目瞪口呆，不僅缺乏批判性，甚至對禪的了解非常淺薄。禪宗不會把心當成獵殺的目標，那不是禪修的方式。禪定中也沒有自我，可以讓我們當作藏身之處而緊抓不放，當然也無法使人沉醉其中。

事實上，禪的外在形式很難捉摸，乍看理解了，其實又沒在其中；在覺得接近時，反而離它更遠了。就算花費數年熱心研究，想要理解禪的根本意義，但也只能了解大概樣貌，很難作出持平的觀察。

「若想上升到神的道路，得先下沉到最真的自我。」這是法國作家雨果的話。「如要探尋神的深邃之處，必須深掘自己的精神底部。」中世紀神學家、維克托修道院的理查（Richard of Saint Victor）這麼說。不過，所有這些深藏之物被挖掘出來之後，我們還找得到所謂的「自我」嗎？我們下沉進入的地方既沒有精神，也感知不到神的深邃之處。因為就禪宗的角度，無論怎樣探測，都是無底的深淵。換一個方式來說，禪宗有言：「三界無物，何處生心？四大皆空，何處見佛？道在汝前，道外無物。」只要有一瞬間的躊躇，禪就永遠喪失了。就算過去、現在、未來三世諸佛想幫你再次證得，禪也已經遠在千里之外了。「心的終結」、「自我沉醉」這些評論確實有幾分道理，但修行者沒有餘裕分心去回應。有的批評家還認為，禪修就像催眠一樣，將心靈引入無意識狀態。此時，修行者便體悟到佛教徒最常提及的「空性」。無論對客觀世界還是對自己，主體都沒有明確的意識，也就是說，他迷失在難以言喻、巨大的空無之中。不過，這種解釋仍沒有抓住禪的本質。確實，在禪學中可以找到一些敘述符合這種解釋，但要理解禪的真義，就必須再跨一大步。也就是說，必須斬斷這種巨大的空無。如果主體不想就這麼被活埋，就必須把自己從無意識狀態中喚醒。只有拋棄「自我沉醉」的狀態，沉迷的修行者才會覺悟，以發現更深處的真實自我，才能領會禪意。假如有「終結心靈」這回事，禪師也會說：「讓禪來做此事吧！禪可以終結愚鈍的心，讓沒有生氣的人在永生狀態中甦醒。重生吧！從夢中醒來吧！從墳墓中站起來吧！你們這醉鬼。」因為，不要蒙上眼睛來看禪，用你的手抓它都嫌太不確實。要記住，人們不是只喜歡動聽言詞。

以上這類批評還有很多，不勝枚舉。我希望進一步正面闡述禪的真義前，透過以上回答，首先使讀者有充分的心理準備。從基本觀念來看，禪修是以最直接的方式碰觸我們的內心活動，而不依靠任何外在的實體或附加物。因此，禪宗拒絕所有與永久權威類似的東西，絕對的信仰必須奠基於自己的內在生命。這是因為，從禪宗來看，任何權威都來自內心。這是最嚴格意義上的真理。即使是理性思考這種功能，也不具有根本、絕對的意義。相反地，在心與其自身進行最直接的溝通時，理性還成為一種障礙。知性所能展現的最大功能，就是作為內外世界的中介者，但禪不具有中介功能，除非為了與他人溝通。根據這一理由，任何經典都不過是假說且暫時性的，最終的意義不在書本身。禪所要抓住的，是活生生的生命核心事實，而且要以最直接、最認真的方法來抓住它。禪宗自詡為佛教的精神所在，事實上，它是一切宗教和哲學的精神所在。當我們能徹底理解禪的真義，就能得到心的絕對平和，進而找到適合自己的生活方式。除此之外我們還追求什麼呢？

有人說，禪宗顯然是神祕主義，所以它在宗教史上並非獨一無二。也許是這樣的。但禪的神祕是來自它本身的秩序。陽光閃耀、草木繁茂，或是有人與我一拍即合，這些都是禪的神祕片刻。同樣的道理，我們生活中無處不具有神祕性。禪到底是什麼，禪師有時會說：「平常心。」多麼明確的回答。禪宗沒有宗派觀念，基督徒和佛教徒也可以攜手並肩，像大海中的大魚和小魚那樣和睦相處，共同修禪。禪是大海，是空氣，是高山，是雷鳴與閃電。是春花，是夏日，是冬雪。不，它不只包含這一切，它就是人間事。禪宗有儀式、有舊習，有在長期歷史中累積起來的外在事物，然而它真實的核心是生活。禪宗獨有的長處就在這裡，也就能不偏不倚地直視最根本的真理。

如前所述，禪修在日本成為獨特的宗教活動，是基於有系統的心性訓練。一般的神祕主義是難以捉摸的概念，完全脫離了我們的日常生活。禪宗的革命性在於，把漂浮於空中的神祕事物拉回地上。隨著禪宗的發展，神祕主義就被揭開了，不再那麼朦朧不清。

禪不是某種異常心理產生的現象。透過禪修，我們認識到日常生活的根本事實。因此，禪在最平凡、最平穩的一般生活中表現出來。在我們體會到禪的同時，也確實認知到，它就存在於生活之中。因此，禪宗有系統地訓練我們的心性。於是我們得以打開心眼，看到每日每時都在運作的微小神祕事物；打開心扉，在每一呼吸心跳間擁抱永恆的時間和無限的空間。最終，我們在這世上漫步，就會像行走在伊甸園一樣自在。要達到這種精神成就，不必依賴於任何教理，而是透過最直接的方法，去體驗到存在於我們心中的真理。

總之，禪是實際、平凡又充滿生機的。為了解答禪的真義，有的禪師豎起一指，另一位禪師踢球，還有一位賞了提問者一巴掌。透過這種方式，就能展現我們心中潛藏的內在真理。與其它宗教相比，禪修可說是最為實際和直接的精神修行，也是最獨創的方法。禪的問題只牽涉到人生當前發生的事，因此它具有原初的創造性。從概念上來看，豎起一指在個人生活中是最普通偶然的事情。然而在禪宗看來，它可以令人感覺到神聖意義和創造能量。約定成俗的觀念與概念限制了我們的生命，但禪宗指出真理，這正是它存在的原因。

《佛果克勤禪師心要》收錄了宋朝圜悟克勤禪師的文集，當中一篇〈示魏學士〉，多少可以回答本章一開始提出的問題，即「禪是什麼」：

禪就呈現在你面前，在當下讓你體悟到所有道理。對有慧根的人來說，只要一句話就足以證道，他們也難免會犯錯。更不要說，以筆墨寫下、以口語傳達，就會離道理越遠。不過成佛、開悟的因緣，人人都有，但要從自己的生命內在去尋找，而不是外在的事物。因為我們的心本是虛空、沒有既定的形式，自由、寧靜而自給自足。心靈烙印在你的六感（眼、耳、鼻、舌、身、意）與四大元素（地、水、火、風）中，它的光芒吸納了所有事物。

若是內心與外境的對立能消失、忘卻，那就能超越理性的限制，切斷與知識的連結，直接深入而體悟到佛心。這是當下能唯一能察覺到的現實。因此，菩提達摩祖師西來後，只簡單表示：「我的教導指向每個人的內心，所以要在佛教外另立門派，一代一代以心傳心。禪與任何文字、說法無關，而是要人當下找到平靜之處。若起心動念，就會產生知識跟意見，接著耗費心力思考，最後落入既定的觀點，再也無法與心交流。

唐朝的石霜禪師說過：「放下吧！休息一下吧！直到嘴唇上長出黴菌，直到自己變成一條白絹絲。在放下的念頭中，讓萬年的歷史都過去吧，讓自己冷冰冰地孤寂活著，最後變成古老的聲音，或是香爐裡的粉塵。」

對於石霜這番話，我們要有信心，依照當中的道理去修行。讓自己身心放鬆，想像自己如土地、木頭或石塊一般。達到沒有覺知、如如不動的境界，斷除沉重的呼吸，放下身體的束縛。意識中沒有任何的念頭，在一瞬間，就沉浸在完全的愉悅中，如同黑暗中看到一盞燈，就像窮人得到寶藏。

四種元素、五蘊（色、受、想、行、識）都不再是負擔。宛如重擔放下了，身心豁然明白。

這時你能透徹地看見事物的真相，它們就像仙境般的花朵，虛無難以掌握。當下，你的本來面目就會顯現，本有的內在淨地也會浮現。這一清爽虛空的境界，就是你放下生活、投入生命的地方，你在那裡安閒無為、快樂地活著。成千上萬本佛經跟論典都是在描述這個境界，古今的聖人窮盡心力，也只為了指出這個方便妙們。

禪就像藏寶庫的鑰匙，一旦開啟，之後你看到、遇到的事物，雖然表面上看起來天差地遠，但都是自己本心所有，所有珍貴的事物都在其中，隨時隨地等著你去享受與取用。所以說，一旦得到內心的珍寶，到時間的盡頭都不會失去。你無所得，因此才有收穫；有時你以為得到什麼，卻是白忙一場；能體會這個道理，才是真的有收穫。[4]

1 編註：「新思想」（New Thought）運動興起於十九世紀的美國，發起人是催眠師奎比（Phineas Quimby），他強調神性無所不在，透過思想就可以帶來成功與健康。基督科學教會（Christian Science）也成立於十九世紀，創辦人艾迪（Mary Baker Eddy）強調，透過祈禱就能治病。

2 編註：羅耀拉在十五世紀為了改革天主教而創立耶穌會；「神操」則是一套嚴格有序的祈禱功課。

3 編註：五停心觀為小乘佛教修行禪定的五種方式，分別為不淨觀（肉身為骯髒腐敗）、慈悲觀（慈心對待眾生）、因緣觀（生命發展的十二順序）、界分別觀（觀察自然的組成）、數息觀（觀察呼吸）；九不淨觀為想像肉身腐敗的九種角度；十遍處則是觀想六大自然元素以及四種顏色，以提升禪定的境界。

4 原文為：「覿面相呈，即時分付了也。若是利根，一言契證，已早郎當。何況形紙墨，涉言詮，作路布，轉更懸遠。然此大段因緣，人人具足。但向己求，勿從它覓。蓋自己心無相虛，閒靜密緽，長印定六根四大，光吞群像。若心境雙寂雙忘，絕知見，離解會，直下透徹，即是佛心。此外更無一法。是故祖師西來，只言直指人心，教外別行，單傳正印。不立文字語句，要人當下休歇去。若生心動意，認物認見，弄精魂，著窠窟，即沒交涉也。石霜道：『休去歇去，直教唇皮上醭生去，一條白練去，一念萬年去，冷湫湫地去，古聲裡香爐去。』但信此語，依而行之，放教身心如土木，如石塊。到不覺不知，不變動所。靠教絕氣息，絕籠羅。一念不生，驀地歡喜，如暗得燈，如貧得寶。四大五蘊輕安，似去重擔，身心豁然明白。照了諸相，猶如空花，了不可得。此本來面目現，本地風光露。一道清虛，便是自己放身舍命、安閒無為、快樂之地。千經萬論只說之，前聖後聖作用方便妙門只指此。如將鑰匙開寶藏鎖門，既得開，觸目遇緣，萬別千差，無非是自己本分，合有底珍奇。信手拈來，皆可受用，謂之一得永得，盡未來際。於無得而得，得亦非得，乃真得也。」

第二堂

禪是虛無主義嗎？

在禪宗歷史上被稱為禪宗六祖的慧能是很重要的人物。事實上，在當時的中國佛教諸派中，他可說是開創禪宗這一特殊派別的開山祖師。他為禪宗真諦所樹立的標準，在下面這首詩裡充分表現出來：

菩提本無樹，明鏡亦非臺。本來無一物，何處惹塵埃？

這是六祖用來回答禪僧神秀的詩，後者自以為把握禪的真髓，於是寫道：

身是菩提樹，心如明鏡臺。時時勤拂拭，勿使惹塵埃。

兩人都是五祖弘忍的弟子。弘忍認為，真確理解了禪的精神，於是授以衣缽。教祖如此認定，說明慧能詩中傳達正統的禪宗真義。乍看起來，六祖似乎傳達了一種虛無的精神，因此許多人都把禪聯想到虛無主義。本章的目的就是要批駁這一觀點。

在禪宗文獻中，確實有一些篇幅傳達了虛無的教義，例如「空」。在精通大乘佛教教義的學者中，也有人堅持認為，禪就是「三論宗」（或稱為中觀學派）哲學的具體實踐。所謂「三論」，是指龍樹的《中論》、《十二門論》和提婆的《百論》。這三論構成了「空」的主要教理，而創立者一般認為是龍樹。三論宗接近大乘經典中的《般若經》思想，也有人把這學派稱為般若派，並認為它實際上包含了禪宗。換句話說，禪宗的終極意義，就是成為「空」這個體系的基礎。

這種觀點在某種程度上是正確的，至少基本上沒有問題。例如下面的對話：

大珠慧海向馬祖道一求法。馬祖說：「我這裡什麼也沒有，求什麼佛法？幹嘛自家寶藏不顧，遠離家鄉遠行至此。」又說：「現在發問的人，就是寶藏本身。你的內心資源豐厚，什麼都不缺，可以隨時取用，何苦向外求取呢？」[1]

大珠慧海成道後也說：

修行者啊！禪法我不懂，沒有什麼道理可以教人。您站那麼久會累吧，早點回去休息！[2]

梁朝的傅大士說：

菩提智慧不在語言文字中，也從沒有人可以得到它。[3]

德山宣鑑則說：

禪宗沒有什麼話可以示人，也沒有道理可以傳授……得道我就賞你三十棒，不得也賞你三十棒。4

大珠慧海又說：

在禪的狀態中，心念沒有開啟、也沒有消失，對外在世界保持靜默。無論在哪個時空下，都保持空寂的狀態，就是常常親近佛道……所謂的中道，就是沒有中間、也沒有兩邊。外在的束縛如形象、聲音，就會讓心偏向一邊；頭腦有各種妄念，心就會偏向另一邊。當心不偏向這兩邊、也不處於中間，才是維持在中道上。5

數百年前在日本，有弟子問如何擺脫生死束縛，禪師答道：「此處無生亦無死。」據說，當梁武帝問及，如何是佛法第一義時，禪宗初祖菩提達摩回答：「放眼望去沒有聖人。」

以上這些談話，都是從浩瀚的禪宗文獻中隨意挑選的，它們似乎都貫穿著「空」、「無」、「寂靜」、「無心」以及其他類似的觀念。因此，一般人也許會以為，禪宗提倡虛無、消極的寂靜主義。

此外，再讀到《般若心經》的這些文字，讀者可能會更吃驚。大乘佛教文獻中屬於般若部的經典，充滿著「空」的思想，不習慣這種觀念的人，恐怕會愣住，不知如何作出判斷。這部經典是般若經中最簡單、也涵蓋最多意義。僧侶每日在禪寺中誦讀各種諸經，這是早飯前讀的第一部。經曰：

> 舍利子，色不異空，空不異色，色即是空，空即是色。受想行識，亦復如是。舍利子，是諸法空相，不生不滅，不垢不淨，不增不減。是故空中無色，無受想行識，無眼耳鼻舌身意，無色聲香味觸法。無眼界，乃至無意識界。無無明，亦無無明盡，乃至無老死，亦無老死盡。無苦集滅道，無智亦

無得。以無所得故，菩提薩埵，依般若波羅蜜多故，心無罣礙。無罣礙故，無罣礙故，無有恐怖，遠離顛倒夢想，究竟涅槃。

從以上這些例子來看，有人也許會順利成章地批評說，禪宗就是在鼓吹否定哲學。然而這種批評完全是誤解。因為，禪的目標是抓住日常的生命核心事實，當然不能放在理性的解剖臺上去解析。為抓住這種生命核心事實，禪宗的確接連運用了許多否定方法，但那並不是禪的精神。只是我們已習慣於非此即彼的二元思維，才必須用否定方法，從根本上矯正理性的謬誤。於是禪宗自然就會主張：「此亦非，彼亦非，一切皆非。」而我們也許還要問，否定這一切後剩下的到底是什麼？這時禪師恐怕會一掌打來，大喝：「汝這蠢物，還問什麼！」

也有人會認為，這種粗魯的舉動，就是禪師逃避難題的手段，因為他們沒有其他辦法。但若你能領會禪的真正精神，就知道這一擊有多麼認真。在這裡，沒有否定、沒有肯定，只有簡明的事實、純粹的經驗，以及我們存在和思想的基礎本身。就在這種心的活動之間，人發現了自己所渴望的一切寂靜和空性。我們不再為外在、因襲的事物所困惑。要掌握禪理，就必須赤手空拳去抓。

禪宗必須利用否定手法，是因為我們天生的愚昧——「無明」，就像裹住身體的溼衣服那樣，頑強地裹住了我們的心。「無明」並非全然的惡，但它會讓人走不出自己的限制。「無明」也就是非此即彼的二分思維：白的是雪，黑的是烏鴉。這是此世的事情，所以要用「無明」的方式去談。如果我們想要徹底掌握物的真理，就必須以創世之前的角度來觀察。當時，「此物」、「彼物」的意識還未覺醒，心還沉浸在本性當中，在靜謐和空虛之中未曾開始活動。這正是全然否定的世界，然而卻能引領我們走向更高的肯定，或者說絕對的肯定——否定中的肯定。儘管雪是白的，烏鴉是黑的，禪宗卻要說「雪不是白的」、「烏鴉不是黑的」，因為日常語言無法傳達出禪的真諦。

表面上，禪宗採用否定的手段，但它也不斷揭示事物的本質，而且那就擺在我們的面前。如果我們不想好好把握，那是我們自己的過失。很多被「無明」雲翳遮住心眼的人，卻對禪不屑一顧。他們沒看到禪的真義，才認為它是虛無主義。以黃蘗希運禪師的故事為例。

黃檗在寺院中拜佛畢，弟子問：「不求佛、不求佛法、也不求僧人，那師父在這邊拜佛究竟是為了什麼？」黃檗說：「我不求佛，不求法，不求僧人，只是行禮如儀做該做的事。」弟子又問：「為何要符合禮法？」黃檗便給他一掌。弟子叫道：「師父真粗魯。」黃檗說：「這裡是什麼所在？輪得到你說斯文或粗魯嗎？」隨後又是一掌。6

黃檗的態度很粗暴，但聰明的讀者可以看出，他其實熱心地在向弟子傳達某種道理。他表面上用了否定的手段，但內在精神是肯定的。若要深入理解禪，必須弄清楚這一點。對於拜神儀式，禪宗所持的態度，從趙州從諗與禮佛僧人的對話可清楚看出。趙州用拄杖打了那個僧人，僧人抗議說：「禮佛也是好事。」趙州說：「好事不如無。」這種行為是否太虛無、破壞性太強？表面看起來的確如此。然而，趙州發出此語，卻另有用意。如果能領會他的深刻精神，就能看到當中有絕對的肯定意義，那是超越我們理性思考的界線。

日本禪宗的近代開創者白隱慧鶴，年輕時是熱切積極的修行者。他頗為自負，自認為已充分理解禪，於是去謁見正受老人，以展現他證得的高深道理。正受問白隱對禪的理解有多少，白隱回答：「若有能雙手奉上的，我絕對會發自肺腑交出。」於是作出嘔吐的樣子。正受於是抓著白隱的鼻子說：「這是什麼？我碰到的到底是什麼？」我希望讀者和白隱一起思考一下這段對話，自己想想，正受老人所要表示的到底是什麼？

禪宗並非持全然的否定態度，把心當作純粹的虛無，那等於是在知性上自我放棄。在禪中，有自我肯定的精神，是自由、絕對的。修行者不知界限為何物，拒絕抽象的處理方法。禪是有活力的生命事實，不是無生命的岩石、虛無的空間。所有修行的最終目的，就是碰觸到這生命事實，在生活的各方面都能體驗到禪。

唐代的百丈惟政曾問他的同修南泉普願：「對許多德高望重的大師來說，有什麼不敢對人講的道理嗎？」南泉說：「有。」百丈問：「那是什麼？」南泉說：「不是心、不是佛、不是物。」這似乎是在說絕對的空，但即使如此，他還是透過否定暗示了某種道理。百丈接著說：「你這樣說，還是表示有某種道理。」南泉說：「但我只懂這麼多，那師兄怎麼看呢？」百丈說：「我又不是得高望眾的大師，怎知道什麼道理能說，什麼不能說。」南泉說：「我真的不懂，還請師兄解說。」百丈說：「我太過分，說得太多了！」這是百丈的結論。

想要透過知性去認識禪，必須先了解，有些內在意識狀態無法以邏輯來分析。語言僅僅是標誌，不能當作絕對無誤、可以依靠的指南。首先要觀察，禪師們修行時究竟處於何種心理狀態。這些乍看荒唐無稽、甚至愚蠢透頂的舉止，都不是因為內心反覆無常。他們每人都從修行經驗中得到堅固的心理基礎。在這種乍看瘋癲的行為中，其實是有系統的在傳達富含生命力的真理。從這種真理來看，全宇宙的流變也比不上蚊子飛、扇子搖之類的事情。我們必須從這一切瑣事中看到活躍的精神，也就是絕對沒有任何虛無色彩的肯定精神。

有位僧人問趙州禪師：「若說人生來不帶一物，那要修行什麼呢？」趙州說：「就放下吧！」僧人抗議道：「都說沒有帶來一物，那還要放下什麼？」趙州說：「既然放不下，那就再擔起來吧！」

趙州如此明白地揭穿毫無建設性的虛無哲學。畢竟，為達到禪的真理，必須連「無一物」的觀念也拋棄。當我們不再論斷任何事物，佛才會出現，也就是為求佛而棄佛。領會禪的真理，只有這一條道路。一談到虛無、絕對之類的事，禪就會遠離我們而去。為了避免一再遠離禪的真義，即使連

「空」這個基本概念都要拋下。先把自己投入無限的深淵才能得救，當然這非容易之事。

圜悟克勤曾大膽地宣稱：「諸佛不曾出世，也沒有任何道理可以教人，達摩祖師不曾從西方來，未嘗以心傳授。這些事情一般人不了解，所以才一直往外求取道理。殊不知在自己腳跟下，就能找到成佛、開悟的因緣，成千上萬個聖人也找不道這線索。到如今，見與不見、聞與不聞、說與不說、知與不知，已經不知道怎麼分辨了。」7

乍看之下，這難道是在質疑佛教本身嗎？或者，禪師是在肯定一種明確的心理態度？畢竟，禪的否定不一定是邏輯意義上的否定，肯定也是如此。要理解禪的真義，首先要經親身經驗，不能被人為的觀念系統或法則所束縛，「是」、「非」之類的知識論原則既武斷又過度簡化。當然，禪師常常作出荒謬又不合理的言行舉止。雖然那些是表面上的理解，但仍難免受到誤解、訕傳，以及常有的惡意嘲笑。這些非難當然也包括了虛無主義。

維摩詰居士曾問文殊師利菩薩：「什麼是成為菩薩的不二法門？」文殊師利說：「世間萬事萬物，我沒有一句話可以解釋與描述，也沒有知識可以教導，不參與討論和爭辯。這就是成為菩薩的不二法門。」文殊又問維摩詰居士：「那麼仁者認為，什麼是成為菩薩的不二法門？」[8]居士默然。這是神祕的答辯方式。從某方面來看，緘口不言是逃脫難關的唯一辦法。禪師也屢屢採取這種方式。

圜悟對此評論說：「禪師說肯定時，並無事可肯定；禪師說否定時，也無物可否定。是非已去，得失兩忘，只剩下純淨與赤裸無飾的狀態。修行後，你背後有什麼、又看見什麼？也許有個僧人會說：『我眼前是大殿跟山門，後面是起居的禪房。』請問這位僧人是否有慧眼？若你能找出這樣的人，那麼可以說，你已經跟遠古的聖人有心念交流了。」[9]

然而，若沉默無法傳達道理時，我們是否該仿效圜悟說：「上頭有天界之門開著，腳下卻是熊熊燃燒的永劫之火。」這種說法是否能打破非黑即白的二分法，進而清楚傳達禪的真義？不除去「你的、我的」這類根本的分別意識，就無法徹底把握禪意，也就無法跟遠古的聖人心神交流。內心的珍寶將永遠埋藏在深處。

有位僧人問：「《維摩詰經》上面寫到，要到西方淨土，要先清淨自己的心，那怎麼如何淨心呢？」禪師答：「要達到絕對的清淨。」僧問：「什麼是絕對的清淨。」答：「無淨、無無淨，就是絕對的清淨。」問：「無淨、無無淨？這是什麼意思？」答：「對於任何事情，心沒有執著，就是清淨。這時，不以為自己達到清淨的境界，就是無淨。但到了無淨的境界時，也不認為自己層次更高了，這就是無無淨，也就是絕對的清淨。」10

這種絕對的清淨之心，便是絕對的肯定狀態。因為它超越了淨與不淨，把兩者併入更高的統合狀態，當中既沒有否定，也沒有任何矛盾。禪修的目標就是，在每個人具體的日常生活中，實現這種統合狀態。因此，我們不能用形上學的訓練方法來面對人生。

禪學中的所有的問答、語錄都必須從這種觀點來思考，當中沒有虛偽的道理、語言遊戲和詭辯。禪宗所關心的，都是人間最切身要緊的事。結束此章時，我們從古老的禪學書籍《頓悟入道要門論》引用一段來說明：

唯識宗的名家道光問禪師：「大師用什麼心修道？」禪師回答：「無心可用、無道可修。」又問：「既然如此，為何你每天叫大家來修禪？」禪師回：「我沒有立錐之地，哪有地方可以召集學生；我沒有舌頭，也勸不了大家。」道光生氣說：「大師怎麼在我面前亂說一通。」禪師：「我都沒有舌頭了，如何亂說一通？」道光無奈地說：「真搞不懂大師的想法！」禪師也說：「我也搞不懂自己。」11

1 《五燈會元》，卷三。

2 《五燈會元》，卷三。

3 《梁朝傅大士頌金剛經》：「菩提離言說，從來無得人。」

4 《五燈會元》，卷七。

5 《頓悟入道要門論》：「心無起滅，對境寂然，一切時中畢竟空寂，即是常不離佛……所謂中道，無中邊亦無二邊。外縛色聲，偏於一邊，內生妄念，又偏於另一邊。此兩邊皆無時，中邊亦無，即名中道。」

6 《五燈會元》，卷四：「黃檗在寺院中拜佛畢，弟子問：『不著佛求，不著法求，不著僧求。長老禮拜，當何所求？』黃檗說：『不著佛求，不著法求，不著僧求，常禮如是事。』弟子又問：『用禮何為？』黃檗便給他一掌。弟子叫道：『太粗生。』黃檗說：『這裡是什麼所在？說粗說細。』隨後又是一掌。」

7 《碧巖錄》，卷六，第五十六則垂示：「諸佛不曾出世，亦無一法與人，祖師不曾西來，未嘗以心傳授，自是時人不了，向外馳求。殊不知自己腳跟下，一段大事因緣，千聖亦摸索不著。只如今，見不見、聞不聞、說不說、知不知，從什麼處得來？」

8 《維摩詰經》，〈入不二法門〉。

9 《佛果克勤禪師心要》：「道是，是無可是；言非，非無可非。是非已去，得失兩忘。淨裸裸，赤灑灑，且道面前背後是個什麼？或有個衲僧出來道：『面前是佛殿三門，背後是寢堂方丈。』且道，此人還具眼無？若辨得此人，許爾親見古人來。」

10 《頓悟入道要門論》：「有僧人問：『維摩經云，欲得淨土，當淨其心。云何是淨心？』禪師答：『以畢竟淨為淨。』僧問：『何是畢竟淨為淨？』答：『無淨，無無淨，即是畢竟淨。』

問：『何是無淨、無無淨？』答：『一切處無心，是淨。得淨之時，不得作淨想，即名無淨也。得無淨時，亦不得作無淨想，即是無無淨也。』」

11

《頓悟入道要門論》：「講唯識道光座主問曰：『禪師用何心修道？』師曰：『老僧無心可用，無道可修。』曰：『既無心可用，無道可修，云何每日聚眾勸人學禪修道？』師曰：『老僧尚無卓錐之地，什麼處聚眾來？老僧無舌，何曾勸人來？』曰：『禪師對面妄語。』師曰：『老僧尚無舌勸人，焉解妄語？』曰：『某甲卻不會禪師語論也。』師曰：『老僧自亦不會。』」

第三堂

非邏輯的禪

空手把鋤頭，步行騎水牛。
人從橋上過，橋流水不流。

這段有名的偈語，出自南梁的佛教居士傅大士（又名善慧大士）。在這兩段話中，他簡要描述出禪修者悟道後的觀點。當然，它們還沒有窮盡禪的全部教誨，卻生動地指出了禪的大方向。若想要嘗試從知識上掌握禪的真諦，首先須領會這首短詩包含的意義。

從常識來看，這首詩的語意非常不合理、非常矛盾。批評者應該會認為，禪學就是這麼荒謬、難理解、超出於一般的推論範圍。然而，禪有其堅實不變的一面，用一般常見的思考法絕對無法掌握透徹。而且，我們所以未能徹底領悟真理，歸根究底是由於過分執著於邏輯與理性解釋。但如果想徹底了解人生，我們就必須放棄引以為傲的三段論法，並且練習全新的觀察法，不再以邏輯為尊，這樣才能擺脫存在於日常談話、寫作中的偏頗觀點。

無論這首詩乍看起來多麼矛盾難解，禪宗卻堅持說：「雙手空空卻拿著鋤頭，腳下流的不是水，而是橋。」

不合理的句子不止於此，我們還可以舉出許多艱澀而難解的例子，有人大概會因此把禪學當作徹頭徹尾的胡言亂語。以下這些描述應足以令讀者咋舌：

「張公飲酒李公醉。」

「三世佛之師是誰？廚子老三。」

「石牛長吼真空外，木馬嘶時月隱山。」

「且看，黃塵海上起，怒濤平地聞。」

禪宗還提出這種問題：

「今日雨下不停，如何止住？」

「雙手對拍出音聲，單手音聲如何聞？」

「你若聞得單手聲，如何令我也聞？」

「看來山高水低，經文卻云：『是法平等』，不分高下。這是為何？」

修行者是沒有常識，還是就喜歡這種深奧又神祕的觀念？這些語句提示了禪的內在意義，但除了在我們心中帶來迷惑，到底教了什麼？講述這些瑣事和不合理之事，究竟要讓我們領悟什麼？

答案非常簡單。

為了看透人生深藏的祕密和自然的奧妙，禪宗要我們學習全新的觀點視野。因此，一般的邏輯推論與理性思考既無法得出禪師的洞見，也沒辦法滿足我們深層的精神需求。我們通常把「A即是A」當作絕對真理，而把「A非A」或「A是B」當作難解的矛盾。我們不能突破這類理性框架，它們太難擺脫了。但現在禪宗告訴我們，語言就只是工具，此外不包含任何事物。語言與事實不相符時，也就是捨棄語言回歸事實之時。以實用價值為前提，我們可充分運作邏輯推理；而當它不管用，或者問題超出理性的範圍時，就必須斷然停止思考。

從人類理性意識覺醒以來，我們致力於運用「A即是A」、「B非A」的方法，也就是以二分法來探問人生的奧祕，以及滿足我們對邏輯的需求。因此，橋就是橋、流水潺潺、塵土從地上揚起，這些都是不變的真理。然而，可悲的是，這樣做並不能得到內心的平和和幸福，不能洞觀人生與世界。我們只能在暗中摸索，最終半途而廢，無法再跨一步邁向廣大的現實世界。當語言無能為力，無法再表達心靈最深處的苦痛時，突如其來，一道光芒照向全人類。禪宗開展之後，我們開始知道「A不等於A」，知道邏輯有其限制，而所謂非邏輯的事物分析到後來，不見得當中就沒有邏輯。也就是說，表面上非邏輯的事物反而符合邏輯與事物的真實狀態。這時才是「雙手空空，但又拿著鋤頭」。

開悟之後，修行者豁然開朗，反而把這類矛盾當成是一直尋覓不著的真理。覺悟並非智力更上一層樓，而是完全超越知性的限制。當「A非A」能成立時，我們才能理解「A即是A」的意義。「自己並非自己」，這就是禪的邏輯，它滿足了我們對各種想像的需求。

「花不紅，柳不綠」，對禪的修行者而言，這樣的描述是多麼耳目一新。只要一直奉邏輯推埋為尊，我們就被它束縛著，既沒有精神上的自由，更別說碰觸到一丁點的生命事實，連影子都看不見。就在這種困境下，人類找到了關鍵解方，不僅讓我們掌握現實，也使得語言失去了支配我們的權力。如果不想把鋤頭稱為「鋤頭」，那也是隨我們高興就好，反正「鋤」這個字永遠不是鋤頭本身。只要跟隨禪師運用這種方法，就能更能精確地傳達事物的真實狀態，而不會被名稱綁住。

斷開名稱和邏輯的束縛，同時也能帶來精神上的解放，因為我們的靈魂不再與自性一分為二。獲得知性的自由後，靈魂就完全成為自己的主人。生與死不再折磨我們，因為這種二分法再也不存在。我們在死亡的過程中求取生命的意義。過去，我們總是在不同事物之間尋找彼此的差異、矛盾處，對待它們的態度因此有所分別，甚至多少會帶點敵意。但是現在，這種對立思維從根本上被推翻了，我們終於獲得新的視角，從局內人的角度看整個世界，而不僅僅是個旁觀者。這麼一來，我們便能體會到「鐵樹開花」、「行雨中而不濡」這樣的深層境界。靈魂就會完整、圓滿，並感受到法喜充滿。

禪宗要處理的是事實問題，而邏輯和語言無法呈現事情的全貌，難免有偏頗。直截簡明是禪的精神。因此，禪是生命，是自由，又有獨創性。基督教常常教導人們回到單純的心，其他宗教也是如此，但這不一定意味著愚直。

在禪修過程中，修行者不再受到繁瑣的知識所束縛，也不沉溺於充滿詭辯、引人入勝的巧妙哲學推理。這意味著，事實就是事實，語言就是語言，此外並無其他東西。禪宗經常將心比喻為沒有陰翳的明鏡。因此在修行時想回到單純的境界，就要使這明鏡經常保持光潔明亮，無論有什麼來到它前面，都能原原本本映照出真實的樣貌。這麼一來，你可以認定鋤頭是鋤頭，也可以認為它不是。知道鋤頭是鋤頭，僅是符合常識，但能同時體悟到它不是鋤頭，就掌握了禪意。常識觀點是貧乏、被動的，但禪的視角常常具有獨創性，令人眼睛為之一亮。一旦我們能找到事物的禪意，就能從中找到活力，發揮十足的創造力。

禪宗認為，我們受語言和邏輯所馴服，跟奴隸沒兩樣。只要一直被它們銬著，就會繼續過得悲慘的生活，默默承受無盡的痛苦。如果我們希望找到方法，知道事實的真實價值，找到通往心靈幸福的道路，就要努力斷然擺脫一切限制，看看我們是否能找到新視野，以整體角度來觀察世界，又能內省地理解人生。為了追求這樣的境界，修行者被迫投入深深的「無名」之淵，直接探索宇宙精神，彷彿自己也是祂創世工作的其中一份子。這裡沒有邏輯，沒有哲學理論；不用為了配合我們人為的框架而歪曲事實，不必為了知識分析而戕殺人的本性。一個心靈面對另一個心靈，恰如兩面鏡子相對，在相互映照之間沒有任何阻礙。

從這種意義來看，禪學是非常實際的修行，跟抽象思考和巧妙的辯證法都沒關係。禪師拿起你眼前的那柄鋤頭，大膽地宣稱：「我手拿鋤頭，但又沒有拿。」禪宗不談神和靈魂，也不談無限和死後的生命。他們只是拿著一把平凡的鋤頭，一個生活中常見的物件，就能解開我們所有人生問題的祕密。除此之外，禪宗一無所求。這是為什麼呢？因為他們闢出一條新路徑，可以碰觸到事物的真相；只要能欣賞石縫中綻開的一朵小花，就能看清全宇宙裡裡外外的一切。

在禪學當中，這柄鋤頭是解開一切謎語的關鍵。面對棘手的哲學問題時，禪宗就用如此創新、充滿生命力的方式逐一破解。中世紀著名的神父特士良（Tertullian）曾哀嘆：「啊，可憐的亞里斯多德，你為異教徒發現了辯證法，教他們如何批判與建構理論，以及如何探討萬事萬物，但結果一無所成。」俗話說事倍功半，正可描述這種狀況。在各個時代，哲學家致力於解答科學和知識問題，展現精湛的邏輯推理與理性分析，但最後得出的結論卻互相矛盾！這些討論猶如在沙地上蓋房子，毫無效益。於是，智者特士良向世人丟出一顆思想炸彈，讓我們停下來想想。他說：「有些事物正因為不可能存在，所以才確實存在。」由此再進一步延伸：「有些事物正因為它們荒謬，所以是可信的。」這豈不是無條件在呼應禪宗嗎？

有位禪師在僧眾集會上拿出一根棍子，問：「弟子們，看到我手上拿的東西嗎？看看這是什麼？若你們說：『那是一根棍子。』那你們只是凡人，不懂禪意。如果你說沒看到棍子，那我明明就拿著一根，為何要否認事實？」禪不是淺薄的學問，它使我們能睜開第三隻眼，看到事物的奧祕，與古代的聖人心靈相通。認定它是棍子，但又認為不是，這個第三隻眼是什麼？如何對事物有這種非邏輯的理解力？

禪宗說：「佛陀說法住世四十九年，未曾一動廣長舌。不動舌頭怎能說話呢？這不是不合理嗎？」對此，五代十國的玄沙師備禪師向弟子解釋說：

四方的高僧都公開宣示，要用各種方式開導眾生。不過這三種病人要怎麼幫他們呢？眼盲的人，看不到你拿起槌子或是拂塵；耳聾的人，聽不到你說的高深道理；啞子又無法說出你教導的話語。既然幫不了這三種人，佛教又怎麼能利益眾生？[1]

玄沙的解釋好像沒有解開我們的疑惑。宋朝佛眼清遠禪師的評論也許可以提供一些啟發。他對弟子們說：「你們有兩隻耳朵，究竟聽進了什麼？有一個舌頭，究竟說了什麼？實際上，你們什麼也沒說，也沒聽到或看到什麼。那麼，外表、聲音、氣味究竟從何而來呢？」換句話說：「這個世界究竟從何而來呢？」

如果還感到費解，那麼看看五代十國的雲門文偃大師怎麼解釋吧。有僧人前來求教，雲門說：「你應該先向我行禮跪拜！」僧人拜完起來後，雲門拿起拐杖揮舞，僧人退了一步，雲門說：「原來你不是盲人啊！那再上前來。」僧人走近後，雲門說：「原來你不是聾子啊？那你明白我說的道理嗎？」僧人說：「不懂。」雲門說：「原來你不是啞巴。」此時，僧人便懂得禪師的教誨了。[2]

經過以上的說明和暗示，如果你還是丈二金剛摸不著頭腦，那麼只好回過頭來再玩味「空手把鋤頭，步行騎水牛」這句詩。再補充一點。禪宗為什麼要猛烈批評邏輯？本書為何一開始就討論禪的非邏輯面向？這是因為，邏輯普遍深入生活的各個層面，以至於人們竟得出這樣的結論：事事都要符合邏輯，否則人生沒有意義。人生地圖是按照邏輯完整規劃好的，我們只需按圖索驥，不應該違背這最關鍵的思想法則。雖然大部分人都抱持這樣的人生觀，但現實中，我們所作所為都在違背內心認定的思想法則。也就是說，人人都在「空手把鋤頭」，有時認為二加二是三、有時認為是五。不過我們沒有意識到這個事實，還以為自己的生活過得很有邏輯或經過精心計算。我們用理性武裝自己，掩蓋生活紊亂無序的那一面，但禪宗宛如暴風掀開它，好讓我們看見，我們是有血有肉、有七情六慾的生命，而不單純只用理性推論過生活。

邏輯思考是充滿自我意識的活動，因為過程中我們得付出心力、絞盡腦汁。當我們把邏輯套用到真實人生，就會變成刻板的道德規範。追求道德的人為了得到讚賞而犧牲奉獻，時時刻刻意識到自己是好人，甚至期待做善事能有回報。無論他的行為從客觀和社會的角度來看有多麼良善，但心意卻是受到沾汙、不純淨的，這正是禪宗最厭惡的。人生是藝術，而藝術家在創作過程中，必須忘卻自己。修行者不需要有殫精竭力的感覺，而是要像鳥在空中飛、魚在水裡游那樣生活。一旦有刻意造作的痕跡，人立刻失去自由的生命，不再過著契合本性的生活。人受到環境壓迫，覺得苦痛難言、綁手綁腳，最終失去了自己的獨立性。

禪修的目的是喚回生命力和本然的自由，特別要重塑我們生命的完整性。換句話說，禪宗要我們發自內心過生活，並創造自己獨有的原則，而不受一般社會規範所束縛；這就是禪師要我們實踐的生活方式。

因此，禪宗道理都是非邏輯或是超越邏輯的。宋代的五祖法演禪師是這樣說的：

總結佛陀一輩子所傳授的教誨，可以整理出五千又四十八卷，當中包括空、有、頓悟、漸悟等等概念。所以佛教的核心就是「有」與「肯定」。不過，唐朝的永嘉玄覺禪師卻認為：「有情的人類不存在、諸佛也不存在，整個宇宙也不過像海中的一粒泡泡那樣微小，聖人與賢者也如閃電般只出現片刻。所以，『無』與『否定』才真理。」

諸位，如果你們認為「有」才是真理，那就違背永嘉的教導；若認為「無」高於一切，又會違背佛陀的教誨。如何解答這個矛盾問題呢？如果你能清楚明白自己所處的境地，就等於身處佛堂，早上跪拜佛陀、傍晚禮拜彌勒佛。若你還是不明白，讓我來為你解釋。當我們強調「無」，不一定就是否定一切；說「有」，也不是在肯定事物必然存在。就像往東看西邊的大陸、往南望著北斗星。[3]

1 《五燈會元》，卷七：「玄沙禪師示眾云，諸方老宿盡道接物利生，祇如三種病人，汝作麼生接？患盲者，拈槌豎拂他又不見；患聾者，語言三昧他又不聞；患啞者，教伊說又說不得。若接不得，佛法無靈驗。」

2 《五燈會元》，卷七：「有僧請益雲門，門曰：『汝禮拜著。』僧禮拜起，門以拄杖桎之。僧退後，門曰：『汝不是患盲麼？』復喚：『近前來。』僧近前，門曰：『汝不是患聾麼？』門曰：『會麼？』曰：『不會。』門曰：『汝不是患啞麼？』僧於此有省。」

3 《法演禪師語錄》，卷中：「一代時教，五千四十八卷，空、有、頓、漸，豈不是有？永嘉道：『亦無人亦無佛，大千沙界海中漚，一切聖賢如電拂。』豈不是無？大眾若道是有，違他永嘉；若道是無，又違釋迦老子。作麼生商量得恰好？若知落處，朝見釋迦暮參彌勒；若也未明，白雲為你點破。道無不是無，道有不是有，東望西耶尼，面南看北斗。」

第四堂

大肯定的禪

五代十國的首山省念禪師有次拿著竹篦，對弟子們說：「若說它是竹篦，就是抵觸禪意；若說不是，又違背事實。那到底該叫做什麼呢？不得猶豫，快回答！」一位弟子忽然上前，從老師手中奪過竹篦，折成兩節擲在地上，說：「這是什麼？」1

埋頭於抽象、高深問題的人，大概會認為這些是瑣碎平凡的問題。對於學識高深的哲學家來說，這根毫無價值的竹子算得了什麼？對於耽於沉思的學者來說，它叫作竹篦，或不叫作竹篦，或折斷了扔在地上，又有什麼重大的差別？然而對於禪的修行者來說，首山的這個問題實在意味深長。如果真能領會他的心境，就可以說已向禪門邁近了一步。

後來有許多禪師仿效首山，手持竹篦要求弟子提出有禪意的答案。用抽象的概念來講解禪意，也許更多讀者就能理解，也就是說，它超越了邏輯上是與非的對立，進而展現更高層次的正面意義。一般來說，我們不敢跨出是與非二分法的框架。我們被邏輯的權威受脅迫，甚至一提到它，就會引起心中的戰慄和恐懼。自人類的理性被喚醒以來，我們的心即在邏輯二分法的嚴格規律下活動，不敢打破這一枷鎖，讓想像力受限。我們從未好好想過，要擺脫強加給自己背負的理性枷鎖。然而，只要不突破這種「是」、「非」的對立，我們就別想指望去過自由不羈的生活。靈魂不斷地呼喚自由。若能超越否定與肯定的對立差別，體會更高的正面意義，就能經驗實現這種自由。

這種更高的正面意義，禪師藉由順手拈來的竹篦就能完全實現，禪意就在這裡。這根竹篦不僅是一根竹篦，這個微塵世界數不清的道理都包含在其中。透過這根竹篦，就可以找到有所可能存在的生命意義與體驗。理解了這根平凡的竹篦，就能從最全面的角度理解整個世界。將它拿在手中，也就是將全宇宙拿在手中。談論它，也就是談論萬象。參透一個道理，其他真理就會隨之展開。就如華嚴宗所說：

一法藏萬法，萬法藏於一法。一法即萬法，萬法即一法。一法通萬法，萬法在一法中。一切物，一切存在皆如是。

但這不是泛神論，也不是什麼大一統的理論。拿在我們面的一根竹篦，除了是一根竹篦外什麼也不是。宇宙不曾被攝入其中，它既不是「全」，也不是「一」。當你說「這是竹篦」時，禪箭就已經偏離軌跡，沒有命中目標，不但禪意全失，更談不上有華嚴宗的概念。

前章已敘述了禪宗的不合理性，讀者大概已了解，為何禪宗反對各種形式的邏輯思考。禪宗不是為了自我標榜，才刻意強調不重視邏輯。它只是為了使人知道，邏輯的一致性不是最終的真理，還有某種超然的道理，依靠知識與聰明是無法得到的。理性上，我們習慣以「是」與「否」作出判斷，當事物按常規發展時就適用這種方法。但一旦遇到人生的終極問題時，理智就不能給予滿意的回答。如果說「是」，就是過於武斷，就會限制自我的發展。如果說「否」，則是在排除其他的可能性。限制與排除的結果都一樣，戕害了靈魂的生命力。因為，在全然的自由與融合中，靈魂才能夠展現活力。限制與排除不會帶來自由，也無法與萬事萬物融合。

禪宗很懂得這一點。因此，為了滿足內在生命的需求，我們追求禪的絕對境界，當中沒有任何對立。記住，我們終究要以正面肯定的態度生活，而不是消極否定。因為生命本身就具有正面意義，而非伴隨著否定、或是以否定為條件才存在。否則，這種肯定就是相對的，不是絕對的。這麼一來，生命就失去了創造力，變成沒有靈魂的骨和肉，像機械那樣運作。為了獲得自由，生命必須具有絕對的正面意義，超越束縛一切的條件、限制和對立，擺脫限制行動的枷鎖。首山拿出竹篦時，就是希望弟子們能透徹了解這種肯定狀態。弟子無論怎麼回答，只要是發自內心深處的體悟，禪師都會滿意；因為那通常具有絕對的正面意義。因此，禪宗要我們逃脫知性的牢籠（雖然有人會因此過著任性妄為的生活），擺脫所有可能的限制，並幫助我們找到提供踏實的立足點，而不是處於灰色地帶。因此，禪師們努力剷除弟子們與生俱來所有的立足點，換上非傳統意義的立足點。如果竹篦不能達此目的，利用手邊的其他任何東西也可以。禪宗不是虛無主義，因為這竹篦或其他道具，不能像語言或邏輯那樣被拋棄。這是我們研究禪學時不能忽視的一個要點。

舉幾個例子。唐朝的德山宣鑑禪師上堂時必攜長棒，他說：「得道我就賞你三十棒，不得也賞你三十棒。」這就是他對弟子所說的一切，此外什麼也不講。禪師不會長篇大論談宗教與道德，也不會用抽象的概念、瑣碎細膩的形上學講道理。相反地，禪師會盡可能採用辛辣的手段。對許多人來說，宗教活動應該是充滿恭謹與虔誠的氣氛，所以禪師的舉止看來都很粗暴。然而，事物被如實呈現時，通常也都是赤裸裸的事實，閉上雙眼或逃開都沒有用，只能挺身面對。連續挨了三十棒後，慧眼必然得以開啟。生命絕對的正面意義，必定要從灼燒的火口中誕生。

五祖法演曾問：「在路上遇到智者，既不能跟他交談，又不能保持沉默，那要如何跟他交流？」在這個當下，我們就能體悟到所謂的絕對肯定。不但要逃脫「是」與「否」的對立，還要找到積極的方法，讓對立的事物達成完美的和諧。法演所提出的問題，著眼點就在這裡。還有一位禪師指著炭火對弟子說：「我稱它為火，你們不能稱它為火，那它是什麼？」這問題具有同樣的意義。禪師解救弟子，不再受困於經常毒害人類的邏輯。禪宗的話語不是考驗人的謎語，也絕不是遊戲。如果回答不上來，就必須接受後果。你想得到什麼？是永遠被自己的思想法則所束縛，或是承認生命是個無始無終的過程，以實現完全的自由？我們不能有一瞬間的躊躇，抓住事實或是放走，兩者間沒有選擇餘地。展開禪修後，人馬上就會陷入兩難境地，不得再運用邏輯，而是要依靠更為高層次的心靈，自己找到脫身的辦法。

唐朝的藥山惟儼最初拜於石頭希遷門下，他問道：「弟子略懂，佛教可分為三大派別（聲聞、獨覺、菩薩）與十二大教理。近來聽到，南方有師父宣稱能直指人心、見性成佛，但這種教法我不太明白，還盼望師父能開示。」石頭回答：「佛教的真理是什麼？如果正面回答也不對，否定也不對，那應該怎麼說明呢？」藥山聽了很困惑，不知該如何回答。石頭說：「你得道的因緣不在我這裡，請去拜見馬祖道一禪師。」藥山聽命，就前去求教於馬祖。馬祖說：「我有時會讓弟子動動眉毛、眨眨眼睛，有時會叫他們不要這麼做。有時弟子作出這種表情，代表他開悟了，有時卻代表他還不懂。那你說說這個表情究竟甚麼意思？」藥山聽了即刻開悟，趕快拜謝馬祖禪師。馬祖問：「你這樣敬拜，是懂了什麼道理嗎？」藥山說：「弟子求教於石頭禪師時，就像一隻蚊子去叮一頭鐵牛啊！」[2]

藥山究竟得到什麼令人滿意的解釋和答案呢？這就是禪宗奇妙的肯定方法！

唐朝高官陸亙曾問南泉普願：「很久以前，有人把小鵝養在瓶子裡，鵝長大後，就卡在瓶子裡。請問在不破壞瓶子、又不傷害鵝的前提下，要怎麼讓鵝離開瓶子？」南泉聽了大叫：「陸亙先生！」陸亙答：「在！」南泉說：「鵝離開瓶子了。」[3]南泉就這樣讓鵝離開瓶子，陸亙也體悟到更高的正面意義。

唐朝的香岩智閒說：「說到追求佛法？就像爬上樹，嘴巴含著樹枝，腳沒有踏著樹幹，手也沒有抓著樹枝。樹下有人問，達摩祖師從西方而來是為了什麼？一方面你不想逃避問題，但回答他，又會發生致命的意外。要怎麼解決這個困境呢？」[4]

這是比喻，但意義和上面所說的相同。在這種情況下，若是開口作出肯定或否定的回答，就會丟掉小命，更別說追求禪意了。但沉默也不行，否則石頭和窗外的花都不會說話，它們早就理解禪意了。必須找出辦法，讓沉默與雄辯合而為一。也就是說，結合了肯定與否定，成為更高層次的真理，這時就能掌握禪意了。那麼，這種絕對的正面意義是什麼呢？

唐朝的百丈懷海在挑選大溈山寺院的下一代住持時，叫來兩位弟子，指著淨瓶問道：「如果這個東西不叫做淨瓶，那你們要怎麼稱呼它？華林覺說：『絕對不能叫做木頭。』百丈接著問溈山同樣的問題，溈山沒有回答，把瓶子踢倒了就走出去。百丈笑著說：『第一位輸給第二位了。』」[5] 踢倒淨瓶就能展現出絕對的肯定意義嗎？不管你重複多少次這種行為，也不一定能理解禪意。

形式不是重點，因此禪宗更痛恨重複和模仿，那只會抹煞禪意。同樣地，禪意不需要解釋，只需要肯定。人生是事實，不需要任何解釋，說了也無濟於事。說明就是辯護，難道我們活著這件事還需要辯護嗎？光是單純地活著，還需要任何意義嗎嗎？活著就是肯定生命，這就是最純粹的禪意，毫無多餘的解釋。

以這個故事為例。寺院裡，東西兩堂的和尚爭一隻貓，南泉普願看到了，對大家說：「諸位若能說個佛法道理，就能保住這隻貓的小命。說不出來，我就斬了牠。」一弟子們誰也答不上來，南泉便斬之。這麼一來就可以平息這個無益的爭吵，所有人都不用爭那隻貓是「你的」或是「我的」。過了一會兒，趙州從稔從外面回來，南泉拿剛才的話問他，趙州就脫下鞋子，放在頭頂上走了出去。南泉說：「如果你剛剛人在這裡，那隻貓的小命就能保住了。」

這究竟意味著什麼？可憐的貓為何成了犧牲品？把鞋子放在頭上，與和尚們的爭吵有什麼關係？殺死貓是否違背了佛教慈悲與不殺生的教誨？採取這種奇怪的手段，搞不好趙州其實是個笨蛋。或者，在「絕對肯定」之外，搞不好還有「絕對的否定」？當然不是！在趙州和南泉的行為中，當然有嚴肅的態度與理念。不了解這一點，就會把禪師的對話當成鬧劇。此外，如果低等動物也能成佛，這隻貓是不會白白受死的，牠註定要成佛。有位僧人問趙州：「萬法歸一，一歸何所？」趙州說：「老僧在青州作得一領布衫，重七斤。」這是禪宗話頭中最為有名的一則。這當中有絕對的肯定意義嗎？大家難免會問：「僧人的法衣和萬法歸一又有何關係？」西方人相信，萬物存在於神之中。但神又住在何處呢?祂真的住在趙州七斤重的布衫裡面嗎?說神在布衫裡面,那祂就不會出現在別的地方。但根據教理,神無所不在,也就不能說神不在布衫裡。事實上,我們被知性所束縛,因此見不到真正的神。我們到處求神,但祂總是躲避我們。在知性的驅使下,我們想找出神的住所,但神在本質上就是無法受限。不可避免地,知性總是會在這種議題上陷入兩難。那該怎樣解決呢?趙州的布衫是他自己的,我們不能盲從於他的解決辦法。我們必須走自己的路。遇到同樣的問題該怎樣回答呢?其實,我們在實際生活中每日都遇到同樣的問題。但如果不能對以最直接、最實際的答案回應,將會怎樣呢?

俱胝和尚在回答問題時,總是一言不發豎起一指,有一個跟隨他的童子,也學和尚豎指答題。有人告訴俱胝說:「和尚,童子也會佛法,只要有人提問,他都學你那樣豎起一指。」俱胝一日袖子裡藏刀子,問童子:「聽說你會佛法,是否?」童說:「是。」俱胝問:「如何是佛?」童子一豎起手指，俱胝便用刀砍斷它，童子大叫，接著奪門而出。俱胝趕緊呼喚，童回首，俱胝問：「如何是佛？」童子忘了手指已沒了，又模仿師父，舉手不見指頭，豁然大悟。

模仿就是變成奴隸，被文字所束縛，所以修行者必須抓住的是精神，當中才有更高層次的肯定意義。然而，精神在何處？這就必須從每日的經驗中尋求，數不盡的例證都在其中。

以佛典中這個故事為例。村東有一位和佛陀同日出生的老婆婆，兩人在一塊土地上生活。但她不想看見佛陀，祂一走近，她就到處躲避。但有一天還是碰上了，她知道怎麼樣也躲不過，就把臉埋在兩手之間，但佛陀卻從十指的縫隙間顯現出來。我們要問，這位老婆婆是誰呢？

她一定就是佛陀。我們無法躲避祂，無論轉向何處，都會遇到祂。然而無論如何，在沒有遇到關鍵的事件前，我們就無法認識祂，就像俱胝的童子被切斷手指才得到覺悟。儘管難以置信，但事實就是這麼微妙，如同坐在米缸旁餓死，或站在河中間渾身濕透卻渴死一樣。有的禪師會更進一步說：「我們自己就是米，就是水。」若是這樣，我們就不能說自己飢餓或口渴，因為打從一開始，所需的東西就在心性當中，等著我們取用。

唐朝時，有一位僧人向曹山本寂哭訴自己一無所有，請求禪師大發慈悲救濟他。曹山大聲叫這位僧人的名字，他立刻應諾。曹山說：「你喝了三大碗好酒，卻說自己的唇邊沒有一滴酒。」我們大概也和這位既貧又富的僧人一樣，不知道自己其實什麼都不缺。

最後，在豐富的禪宗文獻中，我們隨手就可以找出例子，說明禪的真諦就是絕對的肯定：

唐朝的清平初次拜見翠微無學禪師時，問道：「佛教從西方來，究竟要傳授什麼道理？」翠微回答：「等四下無人的時候我再跟你說。」過了一陣子，清平說：「現在沒人了，請師父開示。」翠微起身離開禪床，帶著清平走到竹園。清平又說：「這裡沒人了，請師父開示。」翠微只說：「這裡的竹子怎麼那麼長、那邊的竹子怎麼那麼短？」7

1 《五燈會元》，卷十一。

2 《五燈會元》卷五：「藥山問：『三乘十二分教，某甲粗知。嘗聞南方直指人心，見性成佛，實未明瞭。伏望和尚慈悲指示。』石頭說：『恁麼也不得，不恁麼也不得，恁麼不恁麼總不得，子作麼生？」藥山罔措。石頭曰：『子因緣不在此，且往馬大師處去。」藥山稟命恭禮馬祖，仍伸前問。馬祖曰：『我有時教伊揚眉瞬目，有時不教伊揚眉瞬目。有時揚眉瞬目者是，有時揚眉瞬目者不是。子作麼生？』藥山於言下契悟，便禮拜。馬祖問：『你見什麼道理便禮拜？』藥山說：『某甲在石頭處，如蚊子上鐵牛。』」

3 《五燈會元》，卷四：「陸亙大夫初問南泉曰：『古人瓶中養一鵝，鵝漸長大，出瓶不得，如今不得毀瓶，不得損鵝，和尚作麼生出得？』南泉呼：『大夫。』陸亙應諾。南泉說：『出也。』」

4 《五燈會元》卷九：「若論此事，如人上樹，口銜樹枝，腳不蹋枝，手不攀枝。樹下忽有人問：如何是祖師西來意？不對他，又違他所問；若對他，又喪身失命。當恁麼時作麼生即得？」

5 《五燈會元》，卷九：「百丈問曰：『不得喚作淨瓶，汝喚作什麼？』華林覺曰：「不可喚作木也。」百丈乃問溈山，溈山踢倒淨瓶便去。丈笑曰：『第一座輸卻山子也。』」

6 《五燈會元》，卷四。

7 《五燈會元》，卷五：「清平初參翠微，便問：『如何是西來的意？』微曰：『待無人即向汝說。』清平良久曰：『無人也，請和尚說。』微下禪床，引師入竹園。師又曰：『無人也，請和尚說。』微指竹曰：『這竿得恁麼長，那竿得恁麼短。』」

第五堂
實際的禪

一

前章是從知性的觀點來討論禪，好讓讀者了解，我們無法透過理智去掌握禪意。事實上，用哲學方法來探討就違背了禪意。禪宗厭惡媒介，就算以知性當媒介也不行。禪宗自始至終都是依靠訓練和經驗，而不需要任何說明，那只是浪費時間和精力，只會對事物產生誤解和偏見。對我們來說，禪意就像砂糖的甜味，除非親口去嘗，否則怎麼說都是沒有用的。修行者認為，若要指出月亮在哪，手指當然是不可少的，但若把手指當成月亮，便就是災難一場。

這聽來不可思議，但其實我們常常不自覺地一再犯下這種錯誤。在無知的保護下，我們心滿意足，沉溺在自己的舒適圈中。不過，對於禪學作家來說，他唯一的任務就是指出月亮在那裡，這是在各種條件限制下他唯一能使用的方法。在能力範圍內，他的工作就是使禪學變得容易親近、容易理解，讓一般人看書也能體會。對於不習慣思索和內省的讀者來說，用形而上的方法討論禪學，反而會受到打擊，因為用各個理性方法都掌握不到重點。接下來我會採用另一種角度，從更近似於禪的觀點來解釋。

趙州從稔問道於南泉普願，後者回答說：「平常心是道。」換句話說，若能活得沉穩自信，就掌握了禪意。在這個意義上，我們清楚看到，禪宗最重要、最基本的特色就強調實際面。它不談論神或靈魂，也不談論會干擾、破壞一般生活的事物，而是直接訴諸於生命本身。修行的核心就在於把握流動的生命，當中沒有什麼奇特的絕技，也沒有神祕的道理。舉起手，拿起桌上的書，聽到窗外孩子們打球的聲音，看著雲飄過附近的森林；我們就在這一切日常中修行、體會禪意，不需要紛雜的議論，也不需要任何說明。儘管我們不知道世界運行的原理，但太陽升起時，世人都歡喜雀躍，深深感到幸福。若想要認識禪意，也就僅有在這瞬間能掌握。

梁武帝問：「朕面前何人？」菩提達摩回答說：「我不知道。」達摩並非不能說明自己是誰，也不是為了避免爭辯。理由非常簡單，當然他知道自己是誰，也知道除此之外，什麼也不是。唐朝的南嶽懷讓參見六祖時，後者問：「在我面前走來的是誰？」南嶽答不上來。經過八年的思考，忽然醒悟，對六祖說：「弟子有個省悟。」六祖回：「怎麼說？」南嶽說：「說了就無法契合禪意了。」這個回答和達摩說「不知道」是相同的。

藥山惟儼某天在外打坐，他的老師石頭希遷問：「你在這裡做什麼？」藥山說：「什麼事也不做。」石頭說：「那就是閒坐嘍！」藥山說：「不，閒坐也是有所作為。」石頭接著問：「你剛說什麼事也不做，那又是為了什麼而不做？」[1] 藥山的回答和菩提達摩一樣：「這個道理聖人也不會懂。」有些人也許會認為，這種立場很類似不可知論或神祕主義。但禪宗不屬於這兩種，師父不過是用平常的語言說出了平常的事實。如果讀者不這麼認為，那是因為還未體會到菩提達摩和石頭希遷當時的心境。

梁武帝請傅大士講《金剛經》，大士坐上講師的大位後，拿案尺拍了一下桌子，便下座。武帝一時錯愕，一旁的寶誌禪師解釋說：「大士講經結束了。」這位無言的佛教哲學家到底要傳達什麼道裡呢？後代禪宗大師評論說：「這真是強而有力的開示啊！」在《維摩詰經》中，文殊師利問諸位菩薩：「何等是菩薩入不二法門？」維摩詰同樣以「無言」來回答，以至後代稱為「維摩一默，其實如雷」。這樣沉默不語，真的有震耳欲聾的說服力嗎？果真如此，我也要閉上嘴，看看全宇宙的喧擾和騷動是否會馬上沒入絕對的寂靜。然而，模仿不能使一隻青蛙變為綠葉。沒有獨特的創造力，就沒有禪意。我不得不說：「為時已晚，箭已離弦！」

《六祖壇經》中記載，有位僧人問六祖慧能：「黃梅（五祖）意旨什麼人可以得？」慧能答：「會佛法的人。」問：「那師父得到了嗎？」慧能答：「未得。」問：「為何？」慧能答：「我不會佛法。」

理解禪意非常困難，卻也非常容易。困難的地方在於，理解並非語言思想上的理解；但容易的地方在於，「不知為不知，是知也」。有位禪師說：

「釋迦牟尼、諸方菩薩、彌勒佛都不懂，但心意單純的匹夫卻理解佛法。」

從這裡我們可以了解為何要禪宗避免抽象、造作和華麗的詞藻。上帝、諸佛、靈魂、無限、唯一真神以及其他類似的詞語，其實沒有真實的價值。它們畢竟僅僅是語言，是觀念，不僅無助於體現禪的真理，還會讓我們一再陷入謬誤和曲解。我們必須時常對它們保持警戒。有位禪師說：「每說一次佛陀，就把嘴巴擦一遍。」有的說：「我不愛聽的只有一個字：『佛』。」趙州禪師也說：「沒有佛的地方要快快走過，有佛的地方更是不能久留。」修行者為何對佛陀採取這種敵對的態度？釋迦不是他們的教主嗎？不是佛教最高的修行層次嗎？他不應該受到修行者排斥，當成可恨或不潔之物。其實，他們並非不喜歡佛，而是討厭附加在上面的意義。

關於「如何是佛」，禪師們的回答五花八門。這到底是什麼原因？至少有一個理由，那就是從各種糾纏與執著中解放我們的心靈，包括語言、觀念和欲望。所以禪師們的回答如下：

「泥塑塗金之物。」（泥製塗上金漆的塑像）
「大匠繪他不出。」（藝術大師畫不出來的）
「殿裡底。」（大殿裡放著的那尊）
「佛非佛。」（那個不是佛）
「汝是慧超。」（你是慧超）
「乾屎橛。」（乾掉的糞便）
「東山水上行。」（東邊的山在水面上行走）
「莫言語。」（沒什麼好說的）
「此處四面皆山。」（這四周都是山啊）
「杖林山下竹筋鞭。」（杖林山下的竹鞭）
「麻三斤。」（胡麻三斤）
「口是禍門。」（禍從口出）
「看，水出高原。」（水從高原流下來）

「三腳驢子弄蹄行。」（慢慢走的三腳驢子）
「蘆芽穿股生。」（就像從大腿間長出來的蘆葦）
「露胸跣足。」（露胸又光腳的人）

以上只是隨意引用自禪宗文獻，真要認真搜集、做系統性的研究，那麼對於「如何是佛」這一簡單問題，我們能搜集到許多奇怪的答案。在以上回答中，有兩三個完全不著邊際，根本不符合一般的理性思考標準，其他回答也只是玩弄文字和提問者。禪師們真的有認真要啟蒙修行者嗎？重要的是，要領會禪意，就必須深入和參透禪師們的內心狀態，才知道那些妙語的含意。體悟到禪師的心意後，這些答案就會呈現出新的意義，變得一目了然。

禪宗講求實際與切中要點，因此不必為了說明而浪費語言和時間。禪師的回答都是簡短又精準，完全不拐彎抹角，一切都是極其自然，瞬間即問即答。宛如鑼聲一響，滿座皆驚。我們稍一猶豫就捕捉不到，瞬間之差就永遠失去它。禪意的確像閃電一般，但並非動作迅速就能展現禪意。從基本特徵來看，禪是自然產生的，並非透過人為製造出來；它展現了生命本身，又富有原創性。因此，要抓住禪的真正核心，就要時常留意，不要被表面的象徵所迷惑。對於「如何是佛」這個問題，我們從以上的回答得知，用文字和邏輯來理解禪是多麼困難，又充滿多少謬誤。當然，這些答案都是指引，是為了要讓我們找到佛陀的蹤跡。但不能忘記，指著月亮的手，它就只是手指，在任何情況下都不可能變成月亮。要時時提防，因為理性總是悄悄地潛入禪修過程，使我們把手指當作月亮本身。

有些哲學家會分析以上答辯的用字和邏輯，認為當中具有某種泛神論的思想。例如「麻三斤」或「乾屎橛」，就明顯表現出萬物皆有靈的想法。也就是說，禪師們認為佛是顯現在萬物之中，如麻布、木屑、流水、高山或藝術品。在大乘佛教，特別是在禪宗中，多少有泛神論的觀念，但把兩者等同，誤解就非常嚴重了。大師們從一開始就預見到，人們很容易產生這種誤解，所以才會故意地說出一些完全不連貫的答案。他們要解放弟子和學者的心靈，不受世俗觀點、偏見以及邏輯分析的拘束。在回答「如何是佛」時，雲門的弟子洞山良价說：「麻三斤。」如果有人問：「如何是神？」答案也是一樣的。洞山不是把放在手邊的胡麻當成佛祖，也不是認為，只要透過知性的角度，就可以在萬物中發現佛。他的回答就是「三斤麻」，這句平凡的家常話中，沒有包含任何形上學的意義。這句話就如同水從泉眼中湧出、花蕾在陽光下綻開那樣，從洞山意識的最深處自然流露出來。

他沒有提前想到這答案，也沒有要展現哲學觀念。因此，要掌握「麻三斤」的意義，就首先要突入洞山的心靈深處，不能只停留在他的口頭語言上。在另外的場合，也許他會給出截然不同、與先前相互矛盾的答案。對此，重視邏輯的人當然會感到迷惑，認為他心智不太正常。然而禪的研究者會說：「請看，細雨無聲，綠草如茵。」他們知道，這種回答與洞山的「麻三斤」是完全一致的。

所謂的泛神倫是某種哲學學派，它把可見的宇宙等同於最高境界，稱呼後者為神、偉大心靈或其他名稱，並認為神脫離具體的事物，就無法存在。接下來的討論可進一步說明，禪宗並非泛神論教派。事實上，禪宗談的比這個更多，也沒有餘裕和時間進行哲學討論。況且，哲學也是一種生命活動，禪宗不一定要遠遠躲避它。如果哲學家來求教，禪師也一定會傾囊相授。以前禪師對於所謂的哲學家比較寬大，不像臨濟義玄那樣沒耐心或德山宣鑑那樣反應快又直接。下面所引述的內文，出自大珠慧海編纂的語錄《頓悟入道要門論》，當時是西元八、九世紀，禪宗正要走向極盛時期：

弟子問：「語言文字是心嗎？」大珠回答：「那些是外在的條件（外緣），不是心。」又問：「若沒有語言文字，那要去那裡尋找心？」大珠回答：「心無法離開語言文字而存在。」弟子問：「既然心與語言文字分不開，那心究竟是什麼？」大珠說：「心沒有固定的形態，也沒有形象；無法獨立於語言文字，也不能全靠語言文字。心常保澄澈，總是自由自在地活動。祖師也說，當你了解心的概念不等於心的本體，就知道它怎麼運作了。」

大珠又說：「能夠產生萬事萬物的，我們稱為法性，又可稱為法身。馬鳴祖師說過，『法』就是所有萬事萬物的心靈。心有波動，一切現象就發生，心若不動，就沒有各種現象，也就沒有名稱。無知的凡人並不知道法身沒有固定形態，而是根據不同情況而顯現不同的樣貌。因此，凡人會把青翠的竹子當成法身，把盛開的黃花當成般若智慧。但若說黃花是般若，那不就是說，般若是沒有感情的。若把翠竹當成法身，那意思就是法身是植物。那我們吃筍子的時候，不就是在吃法身嗎？這種說法，真不值得列入典籍討論。」2

二

前面討論過「非邏輯的禪」以及「大肯定的禪」，讀者若沒有繼續往下看，大概會認為禪是某種不能接近、與日常生活無緣、非常迷人但又無法捕捉的東西。人們會這麼想在所難免，因此，應該用平實、熟悉又親近的方式呈現禪意。人生是萬物萬物的基礎，離開人生，任何東西也無法存在。就算懂得各種哲學，明白所有偉大美好的思想，說到底也不能逃離人生。只有踏在堅實的地上，一步步行走，才能觀測繁星。

那麼，如果人人都可以親近禪，那它到底是什麼呢？看看這個故事。趙州從稔問新來的和尚：「來過我們佛寺嗎？」和尚說：「來過。」趙州說：「那喝杯茶吧。」又問另一個和尚，後者則說：「沒來過。」趙州說：「那喝杯茶吧。」管理佛寺的監院便問趙州：「為何來過的叫他喝茶，沒來過的也叫他喝茶？」趙州大喊：「監院！」監院答有。趙州說：「喝杯茶吧。」[3]

趙州從諗是唐朝最為機敏的禪宗大師。中國禪宗的發展可歸功於他的努力修行。據說，他到八十多歲時還在行腳四方、到處參學，就是為了不斷精進自己，以掌握禪意。他享有一百二十歲的高壽，說的話總像金玉一樣，令人身心為之一亮。人們都說：「禪理就在他的唇間光芒四射。」有位新來的僧人向他求教，他問：「吃粥了沒？」僧人說：「吃了。」趙州說：「那就去洗碗吧。」這位僧人聽了之後立刻開悟，體會到禪的真諦。

某日，趙州打掃庭院，有位僧人問：「大師德高望重，為什麼掃地？」趙州說：「外面總是會飄進灰塵。」僧人問：「佛寺清淨，為什麼會有灰塵？」趙州說：「哎呀！這裡還有灰塵。」

趙州駐錫的佛寺裡有一座有名的石橋，不斷引來許多遊客。有位僧人問趙州：「久聞趙州大師這邊的石橋，結果我來了只看到木板橋。」趙州說：「你只看到木板橋，所以才看不到石橋。」僧人問：「那石橋的功用是什麼？」趙州說：「讓驢子跟馬都能過河。」問：「那木板橋的功用是什麼？」答：「給凡夫走的。」這個回答可以說帶有禪意。後又有僧人問：「石橋的功用是什麼？」趙州說：「走過來就是了。」

這些問答看起來都很瑣碎，只是談談生活和自然的日常小事，似乎沒有所謂精神與宗教層面，無法啟發我們靈性。果真如此，禪宗不就是太實際、太平凡了嗎？彷彿從高深的超驗主義，一下子滑落到日常間粗茶淡飯之事。這些都取決於各人的看法。在我桌上點一支香，這是瑣事嗎？地震山崩，這是大事嗎？從一般人們的空間感來看，確實如此。然而，我們的生活真的是侷限在封閉的空間中嗎？禪宗回答：「香的燃燒，就等於欲界、色界、無色界三界在燃燒；在趙州的茶碗中，有人魚在躍動。」只要我們一直意識到時間與空間的限制，就很難接近禪；不能愉快地渡假，不能有充足的睡眠，整個人生也會過得很失敗。

請看以下溈山靈祐與仰山慧寂的對話：

仰山夏末歸來後，前去問候他的師父溈山。師父問：「一整個夏天都沒看到你，都在忙些什麼？」仰山說：「弟子犁了一大片田，也播種完畢了。」溈山說：「看來這個夏天你沒有虛度。」仰山回問：「請問師父這個夏天都忙些什麼？」溈山說：「每日一餐，晚上睡個好覺。」仰山說：「師父也沒有虛度這個夏天。」[4]

孟子曾說：「道理就在身邊，卻要跑到遠處去求。」禪宗也認同這句話。禪宗厭惡抽象的語言和細緻的形上學，但我們老是透過它們去學習禪。其實，禪的真理存在於日常生活中的具體事物。有位僧人對他的師父說：「來禪堂參拜無數次，但從來沒有得到任何的佛法教誨，請您以慈悲開導我吧！」師父回答說：「這是什麼意思？你每日向我請安，我不是回答了嗎？你端茶時，我不是都高興地接受了嗎？此外你還要求什麼呢？」這就是禪的真諦嗎？禪宗要我們體會的，就是這種日常生活。正如有句禪詩寫道：「去擔水、來砍柴，這樣的工作多麼奇妙而充滿樂趣啊！」

三

禪宗不講邏輯與理性，有些膽小的讀者可能因此會被嚇跑，不想再多加認識。從知性的角度來看，禪宗的教學方式的確嚴格又粗野。但我相信，讀完這一章之後，讀者就能體會到禪的實際面，緩和對它的恐懼感。禪的真諦在於它體現的實際面，而非不合理的層面。因此，重點不該放在禪師那些奇怪的言行。下面再舉兩三個事例，以說明禪師在說法時，都直接訴諸於我們生活中最樸素的經驗。他們這麼做，也許是為了讓一般讀書人更容易掌握禪理，或是為了進一步表明，禪就存在於單純、日常的小事中。禪宗如此強調實際面，都是為了免於抽象概念或理性分析的束縛。舉起竹篦、叫人搬動家具或是呼喚弟子名字，這些都是日常生活中很單純的舉動，很少人會特別留意，然而禪意就在其中。對一般人來說，禪學充滿了許多不合理的言行，以及展現人類思想深度的大道理。不過，從以下舉的幾個例子中，都可看見禪宗單純、直接且實際的那一面，也充滿了哲理。

石鞏慧藏和西堂智藏都是馬祖道一的弟子。有天，石鞏問西堂：「你能夠徒手抓住虛空嗎？」西堂說：「當然可以。」石鞏問：「怎麼抓？」師弟便伸手作勢抓了一把，石鞏說：「這才不是抓住虛空的方法。」西堂說：「不然請師兄示範？」石鞏便抓住師弟的鼻子，師弟叫道：「太過分了，這樣大力抓住我的鼻子，都快扯掉了！」石鞏說：「這麼做才能抓住虛空啊！」[5]

馬祖有一位弟子在擔任鹽官，有僧人問：「毘盧遮那佛的真身是什麼？」鹽官回答：「幫老僧拿一隻淨瓶來。」僧人把淨瓶拿過來，鹽官說：「放回原處吧。」僧人放好後，又來問了同樣的問題，鹽官說：「古老的毘盧遮那佛早就不在這裡了。」後來有禪師對此評論說：「毘盧遮那佛在世的確很久了。」6

如果以上的例子還不能幫助我們完全擺脫知性的層層枷鎖，再請看南陽慧忠國師的故事。南陽一日召喚侍者，侍者應諾，三召三應，慧忠說：「我叫了你三次，你回答了三次，到底是我辜負了你，還是你辜負了我？」只是叫人的名字，確實是單純的舉動。從一般的邏輯觀點來看，慧忠最後的評論很難理解。呼喚對方的名字，聽者回答，這是日常最普通的事情。但此公案卻告訴我們，禪的真理就在其中。由此可知，禪是多麼平常的事情，任何奇異之處也沒有，真理顯現於萬物之中。一人呼，另一人應，僅僅如此而已。

壽州良遂在麻谷寶徹門下修禪。麻谷見他來，就扛起鋤頭去鋤草。良遂跟著到田裡，麻谷不理，又回禪房，關上門。良遂第二天又去，麻谷又關上門。良遂敲門，麻谷問：「誰？」良遂剛報上自己的名字，就忽然頓悟，說：「師父不要再罵弟子了。若弟子不前來參拜，一定會被那些佛經、論典誤導，無法走在佛法的正路上。」良遂後來對埋頭於佛教哲學的同修們說：

「師兄們研究的學問，良遂都懂；但良遂知曉的，師兄們就不懂了。」良遂只是弄懂了師父為何叫他名字，就有自信說這句話，這實在令人吃驚！

透過這些例子，問題比以前更加清楚，或者說更容易理解了。我們可以在文獻中一再找到類似的故事。它們充分表明，禪終究不是複雜的道理，不需透過抽象理論和高深研究，就可以親近。禪的真理和力量就在於它是如此單純、直接以及貼近生活。「早安，你好嗎？」、「謝謝，我很好」、「請喝茶」，這些日常的問候中就充滿了禪意。有位僧人在掘土時肚子餓了，聽見開飯的鼓聲響了，便舉起鋤頭，大笑而歸。這位僧人充分展現了禪意，因為沒有比這更自然的事情。我們唯一要做的，就是睜開眼睛看清周邊事物深藏的禪意。

但是，在這裡還有一個陷阱，修行者必須特別留意，以免犯錯。就是不要把禪學與自然主義或放蕩主義混為一談，後者只盲從於人的自然傾向，而不質疑它們的起源和價值。人類的舉止跟動物的行為有很大的差異，因為後者缺乏道德本能及宗教意識。動物不知道要自我砥礪，以改善自己的狀態、追求更高層次的美德。以這個故事為例：

石鞏某日在廚房辛苦工作，他的師父馬祖問：「忙些什麼？」石鞏說：「牧牛。」馬祖問：「你用什麼方法牧牛？」石鞏說：「只要牠要走入草叢，我馬上就拉緊牠鼻頭上的繩子，把牠拖回來。」馬祖說：「你果然是在牧牛！」[7]

這既不是自然主義，也不是放蕩主義，而是投入心力認真修行。再看看這個故事：

有源律師問大珠慧海：「師父修行這麼多年，現在還是一樣用功嗎？」禪師說：「是的。」又問：「如何用功？」大珠說：「肚子餓了就吃飯，有睏意時就去睡。」有源又問：「平常大家都是這樣生活，那他們跟你一樣用功嗎？」大珠說：「不一樣。」問：「哪裡不同？」大珠說：「一般人吃飯時沒有認真吃，腦袋還有上百件事情在想；睡覺時也不好好休息，躺在床上東想西想。所以跟我不同。」8

要把禪學稱為自然主義也可以，但要以嚴格訓練為基礎，而不是像放蕩主義者以為的那樣毫無紀律。放蕩主義者沒有自由意志，被外在力量束縛了手腳，完全無力反抗。與此相反，禪的修行者享受完全的自由，是自己的主人。用《金剛經》最著名的一句話來講，禪者「應無所住而生其心」。當事物有其既定的意義，就被束縛了，就不再有絕對的自由。下面的問答明確地說明了這一點：

弟子問：「心的居所在哪裡呢？」師父答：「當心沒有居所時，就是真正安住下來了。」弟子問：「什麼叫做沒有居所？」答：「心沒有停留在任何目標上，就是真正安住下來。」問：「何謂沒有停留在任何目標？」答：「不執著於任何二分法，包括善與惡、有與無、內與外。沒有停留在空性中，也不執著於非空性。並非永遠保持安定，也沒有一直處於變動。因此我才說心沒有居所。」[9]

唐朝的雪峰義存是禪學史上最刻苦的求道者。在他長年行腳禪修的過程中，總帶著一根柄杓，因為他常常負責煮飯菜，而這是禪堂生活中最辛苦又最討厭的工作。柄杓就是雪峰的象徵。他繼承德山宣鑑的衣缽後，有位僧人問他：「師父去見德山禪師後，學到了什麼大道理，一下子就離開了。」雪峰說：「我空手去，空手歸。」[10]這是用很具體的方式說明了「禪無所住」。最後我們以這個故事作結：

眾僧請百丈涅槃說禪，百丈說：「諸位弟子與我一起下田去，之後我會跟大家講解禪理。」眾僧完成農務後回到寺院，要請百丈教導禪學大意。百丈雙手展開，但一個字都沒說。11

這正是百丈要傳授的大道理。

---

1 《五燈會元》，卷五：「一天，惟儼禪師在石上打坐，石頭和尚見了，便問：『汝在這裡作麼？』惟儼禪師道：『一物不為。』石頭和尚道：『恁麼即閒坐也。』 惟儼禪師道：『若閒坐即為也。』石頭和尚道：『汝道不為，不為個什麼？』惟儼禪師道：『千聖亦不識。』」

2 《頓悟入道要門論》，〈諸方門人參問語錄〉：「僧問：『言語是心否？』師（大珠）曰：『言語是緣，不是心。』曰：『離緣何者是心？』師曰：『離言語無心。』曰：『離言語既無心，若為是心？』師曰：『心無形相，非離言語，非不離言語。心常湛然，應用自在。祖師云，若了心非心，始解心心法。』大珠又曰：『能生萬法，喚作法性，亦名法身。』馬鳴祖師云：『所言法者，謂眾生心。』若心生，故一切法生，若心無生，法無從生，亦無名字。迷人不知，法身無象，應物現形。遂喚青青翠竹，總是法身；鬱鬱黃華，無非般若。黃華若是般若，般若即同無情。翠竹若是法身，法身即同草木。如人吃筍，總吃法身也。如此之言，寧堪齒錄。』」

3 《五燈會元》，卷四。

4 《五燈會元》，卷九。

5 《五燈會元》，卷三。

6 《五燈會元》，卷三。

7 《五燈會元》，卷三。

8 《景德傳燈錄》，卷六。

9 《頓悟入道要門論》：「問：『心住何處即住？』答：『住無住處即住。』問：『何是無住處？』答：『不住一切處，即是住無住處。』云：『何是不住一切處？』答：『不住一切處者，不住善惡有無內外中間，不住空，亦不住不空，不住定，亦不住不定，即是不住一切處。』」

10 《五燈會元》，卷七。

11 《五燈會元》，卷四。

第六堂

開悟：獲得新視野

修行的目的在於獲得新視野，以更深入觀察事物的本質。若你一直以來都遵循二分法，習慣以邏輯思考每件事情，何不先放下它，才有可能接近禪。我們居住在同一個世界，但如何看待窗前那塊普通的石頭，就因人而異了。你跟我都在喝茶，都在做同一件事，不過從主觀上來說，飲用的感覺卻可能天差地遠。有的人覺得只是喝茶，有的人卻在過程中體會到禪意。原因就在於，前者一舉一動都要合乎邏輯，後者則能夠放下邏輯。而所謂禪的新視野，並非有什麼新奇的視角。「新」只是個方便之詞，用以表達另一種觀察世界的方式，而且它也無法充分展現禪的深義。禪宗稱獲得新視野為「開悟」，沒有頓悟，就掌握不到禪意，因為禪的生活在開悟後才展開。我們可以定義「悟」為直覺式的洞察，它與知性或邏輯的理性思考大不相同。這樣的定義可能不精確。總之，過去我們受到二分法困惑而沒有感知到的世界，在開悟之後都會呈現出來。讀者閱讀下面的禪學問答時，若能記住這一點，就能明白我的意思。

有位年輕僧人向趙州從稔求教，趙州問：「吃粥了沒？」僧人說：「吃了。」趙州立刻回答：「那就去洗碗吧。」僧人聽了即刻開悟。後來雲門文偃對此評論道：「趙州說的這些話，有指點什麼道理嗎？如果有，這道理是什麼？如果沒有，那這位僧人是怎麼開悟的呢？」[1]宋朝的翠岩禪師則反駁雲門的評論：「雲門不知道重點，才會如此評論。他根本就是畫蛇添足，或是在宦官臉上畫鬍子。我的看法與雲門大不相同。這個年輕僧人看起來像開悟，其實是即刻墜入地獄，就像箭射出去那麼快。」[2]趙州「去洗碗」的命令、僧人開悟、雲門的兩難困境以及翠岩的斷案，這些情節究竟意味著什麼？他們是否在隔空對話？或只是隨意講講？在我看來，他們各自都指出某個方向，而那位僧人不管走到哪裡，他的開悟絕不會毫無意義。

德山宣鑑是精研《金剛經》的大學者，然而當他聽說有否定一切現有經典、直接訴諸人之心的這種禪法時，就去找龍潭崇信，請求教導。一天，德山站在龍潭一旁服侍，龍潭說：「夜深了，請回去吧！」德山便退出禪堂，但走到一半又折回，他說：「外面黑。」龍潭點蠟燭遞給德山，德山剛想接過來，龍潭又把它吹滅了。德山於此大悟。

百丈懷海隨他的師父馬祖道一外出，看見一群野鴨子飛過。馬祖問：「是什麼？」百丈說：「野鴨子。」馬祖問：「跑哪去了？」百丈說：「飛過去了。」馬祖於是抓住百丈的鼻子，百丈痛得大叫，馬祖說：「鴨子又飛過去了。」百丈於是有所省悟。

洗碗、吹蠟燭、抓鼻子，這些行為彼此有什麼關係呢？我們可以像雲門那樣問：如果彼此沒有關係，弟子們怎麼能悟到禪的真理？如果有，那它們的內在關聯是什麼？這種悟是什麼？這種觀察事物的新方法是什麼？

宋朝人慧宗杲門下有一位僧人道謙，他參禪多年但還未窮極禪的奧義。不久後，大慧命令道謙去送信給長沙的通紫岩居士張公。道謙心想：「我參禪二十年，一直都找不到訣竅，現在師父又叫我去送信，看來修行要荒廢一陣子了。」道謙不想去送信，友人宗元便說：「不可放棄，在旅程中還是可以找到方法修禪。不然我陪你去吧！」道謙百般無奈下便出發了，在路上哭著跟宗元說：「我一生參禪，就是找不到進步的方法。這一回路途奔波，要如何更接近佛法呢？」宗元回答：「之前你各處修習、體悟到的道理，以及圜悟、大慧禪師說的佛法，你都先放下。旅途中可以幫你做的事情，我都會盡量作，但只有五件事幫不忙上，你要自己努力。」道謙問：「是哪五件事情，願聞其詳？」宗元答：「穿衣、吃飯、拉屎、撒尿，以及拖著自己的軀體前進。」道謙一聽有所領悟，就手舞足蹈起來。宗元說：「看來接下來送信的旅途你可照顧自己，請繼續，我先回去了。」於是宗元就回徑山寺了。過了半年後，道謙才回到本寺，大慧禪師一見到他就很開心，直說：「道謙，你這建州來的孩子，這次看起來與眾不同了！」[3]

在這個故事中，友人的忠告如此平凡，卻讓道謙靈光一閃，那究竟是什麼呢？

香嚴智閑是百丈懷海的弟子。百丈過世後，香嚴便去參訪百丈弟子中最年長的溈山靈祐。溈山問：「聽說你在百丈先師處，問一答十，問十答百。想必你聰明伶俐。思考和分析是人一輩子都在做的事。那我來提問：父母還沒生下你時，你是什麼樣子呢？請說說看。」香嚴被這麼一問，突然一陣茫然。回到禪房後，他找出平常看過的書籍，從頭一點一點看，要找出一句話回答，怎麼也找不到。香嚴嘆了一口氣說：「畫餅不可充飢。」後來他問了溈山好幾次答案，都被拒絕。溈山說：「我把道理說給你聽，搞不好你還拿來罵我。而且我的體悟是我的，終究與你不相干。」於是香嚴就把平日看的書都燒掉，感嘆說：「此生不再學習佛法，我要遠離一切，當個只會吃飯睡覺的普通和尚，不再投入心神鑽研道理。」他哭著拜別溈山，到處流浪，走到南陽慧忠國師的墳前，才停下來暫住。有天他在除草掃地時，有顆小石頭飛起來擊中竹子，那一聲響讓他頓悟。香嚴馬上回草屋，把身子洗乾淨，焚香禮拜，感念溈山的教導。他說：「師兄如此慈悲，恩情大過父母。若當時他就把答案告訴我，今日我怎能有這番覺悟。」4

修禪時，依靠師父的說明，是否能引導弟子開悟？透過理性分析能夠解釋禪意嗎？對未開悟的人來說，無論怎樣說明、怎樣論證，也無法傳達禪的體驗。透過分析，讓沒開悟的人能完全掌握禪意，那就不是悟了。因為這種悟已變為一種概念，也不再是實際的體驗了。為了領悟禪理，唯一的辦法是，用引導或暗示喚起人的注意，以朝向這一目標。怎樣達到目標以洞察事物本身，就是每個人應該自己去實踐的，誰也幫不了忙。

禪的暗示與線索無所不在。當心在開悟後成熟起來時，禪意就會在各處自行降臨。微弱的聲音、不可解的語言、花草樹木以及絆倒在石上這些細小的事情，都會成為人心開悟的充分條件。細小的事件能帶來不成比例地驚人效果，點燃導火線就能引起天崩地裂般的爆炸。開悟的所有成因與條件，都在內心，只等待著成熟的時機。內心一做好準備，飛鳥、響鈴，都會帶領自己直接返回心的根源，也就是真我的覺醒。打從一開始，禪就一直在你身邊，你所想見的事物都在你面前，只是我們自己把眼睛閉上。因此，禪沒有為你增加知識，也沒有新增解釋，更沒有什麼值得教給你。不是產生於自己的知識，不能真正屬於自己，只不過是借來的翅膀。

詩人黃庭堅曾在晦堂禪師門下接受啟蒙。晦堂問：「孔子跟弟子說過：『我有隱藏什麼道理嗎？我毫無保留都教給你們了。』依照常理，太史怎麼解讀孔子這句話呢？」黃庭堅還沒回答，晦堂就反駁說：「不是這樣的！」庭堅迷悶不已。一日他隨晦堂在山裡散步，正值岩桂盛開，晦堂問：「聞到木樨花的香氣嗎？」庭堅回答：「聞到了。」晦堂說：「我毫無保留都教給你了。」庭堅的心一下就開悟了。5

這些例子應該足以說明悟是什麼，以及它是如何展開。有讀者會問：「儘管您這麼細心解釋和比喻開悟的境界，但我們還是不大理解。是否能更明確地描述開悟的狀態呢？這些故事和題解都很精彩，但我們卻只知道風往哪裡吹，但目的地的港口到底在哪？」對此，長年的修行者可以回答道：「不可能以知性來理解悟或禪，無論如何解釋、描述和證明都無法掌握那種境界。」禪與思考無關，而悟是一種內在感知，但不是針對某一項事物，而是感受到生命整體的存在。悟的最終目的地是找回「自性」，此外任何目的都不成立。所以趙州說：「喝杯茶吧。」南泉說：「這把鐮刀真好，好拿又好使。」「自性」以這種方式運作，並在過程中掌握某些道理。

悟會突然出現在生命的根源處，所以開悟的當下，常常也是我們人生的分界點。但開悟必定是通透且明明白白的境界。微開悟比不悟還要糟糕。臨濟義玄在恭順地接受黃檗希運的三十棒時，看起來十分悲慘，但一旦得悟，他就變為全然不同的人。一開始他受教的感想是：「黃檗傳授的佛法不過如此，沒幾人能開悟。」後來再見到黃檗時，他賞了對方一巴掌，作為對那三十棒的回禮。人們會想，真是傲慢無禮的舉動！然而，臨濟出手打人有其深意，無怪乎黃檗挨這一掌時很高興。

德山在透悟禪的真諦後，就把自己所寫的《金剛經》註釋拿去燒掉，那曾是他半刻不離身、百般珍惜的筆記。他說：「玄妙高深的理論不管有多少，放在全宇宙的時空中，也不過像是一根頭髮一樣渺小。全世界的關鍵事物加起來，也不過像一滴水丟進巨大的山谷一樣。」在與百丈談論野鴨子的次日，馬祖開堂說法，僧眾剛剛集合完畢，百丈就走出來，將拜佛時的跪墊捲起，意味著說法結束。馬祖便下座，百丈跟隨他到禪房。馬祖問：「我剛才都還沒開口，你怎麼跪墊收了就離開。」百丈說：「昨日鼻子被師父抓得很痛。」馬祖問：「你昨天心思都放在哪裡？」百丈說：「鼻子今天又不痛了！」馬祖說：「看來你明白我昨日的教導了。」

這個例子充分表明，開悟後人的內心會有怎樣的變化。在開悟前，大家都是迷惘而無助的人，就像在沙漠中彷徨的旅行者一樣。開悟後，他們像至高無上的君主那樣躊躇滿志，已不是任何人的奴隸，而成為自己的主人。

透過上述例子的說明後，我們將更進一步探討幾個要點，試圖了解何謂開悟與心的啟蒙。

（一）

一般人常常以為，禪修是依靠冥想來自我暗示或進入自我催眠的狀態。但從前面各個例子來看，這種想像完全是誤解。他們以為透過強烈的意念，誘導心靈進入冥想的狀態，就可以開悟。但並非如此。開悟是獲得洞察事物的新視野。人類的理性意識開展以來，總是用概念或分析方法去處理內在或外在的狀況。在禪修過程中，我們一舉拔除這種根深蒂固的習慣，在全新的基礎上重建心智的整體結構。因此，透過理性所產生的形上學或抽象語句去想考禪，是沒有任何作用的。

（二）

無法開悟，就無法得到禪的真理。悟是靈光一現，使人意識到迄今未曾想像過的真理。過去，我們塞進如此多的知識與論證，心靈的承受力達到臨界點，再也支撐不住，就像雄偉的大樓轟然倒下；但新天地隨之展現在眼前。又像水到達冰點時突然變成冰，一下就凝固了，不再流動。在我們身心所有的能量消耗殆盡時，出乎意外之外地開悟了。在宗教上，這個過程就是重生；在知識上，則是獲得了新視野。世界現在看起來像是穿上了新衣，令人厭惡的二分法也被掩蓋起來。以佛教概念來說，我們突破了無明的限制。

（三）

開悟是禪宗存在的理由，沒有它，禪宗就沒有意義。因此，一切功夫，包括實修以及教理，都以開悟為目標。禪師們不能無所事事，等待開悟自行降臨，也不能等待它偶然發生，或是當成娛樂。師父們總是熱切地想幫助弟子探究禪的真諦。為了使他們開悟，除了採用有系統的方法，禪師想出了一些提示，它們看起來簡單易懂又如同謎語。多數宗教家和哲學家所實行的方法，包括理性論證和訓誡，至今都未取得預期的成果，於是弟子們更加迷失了方向。尤其是佛教一開始傳入中國時，還帶著印度高深抽象的形上學和複雜的瑜珈訓練。於是講求實際的中國人便感到迷惘，不知該如何掌握釋迦牟尼的教義。菩提達摩、六祖慧能、馬祖道一、石頭希遷以及其他中國的祖師們，歷來都注意到這問題，並直接影響到禪的教學和發展方向。比起用學術的角度研讀佛經和分析論典，禪師把開悟放在更高的層次，當作禪修本身的目標。因此，如缺少悟的境界，禪就好像失去辣味的胡椒。但也正由於開悟有這麼多層的意義，更加引起批評者的質疑。

（四）

我之所以在這裡強調禪宗的開悟，是為了說明，它與許多印度和中國的佛教宗派所修習的禪那體系完全不同。禪那，一般認為是某種冥想或靜思法，有明確的思維方向與目標。在小乘佛教中，修行者要思惟「無常」；在大乘佛教中，修行者大多在思惟「空性」。經過訓練後，心就沒有意識的痕跡，連無意識的感覺都沒有，體會到完全的空虛狀態。換句話說，當各種心理活動從意識領域中消失，心就清空，如同沒有一絲雲翳的蒼天，完完全全進入禪那的境界。這種狀態也許可稱為狂喜或出神，但絕不是「禪」，因為沒有開悟。在禪修過程中，層層的知識枷鎖必須被徹底摧毀，讓心理狀態全面提升，以構築邁向新生命的道路。某種全新的感知會被喚醒，那一種你從未想像過的洞察力，讓你從全新的角度觀察舊有的事物。但禪那沒有這些狀態，它只是一種單純的修行法，好讓心保持靜寂。禪那當然有其特色與優點，但與「禪」絕對不同。

（五）

也許某些基督教的神祕主義者認為，開悟又不是看到真正的神。但禪宗一開始就明白地強調，開悟的人在看事物時，會看出神創作的精心之處。造物主有時忙於創造萬物，有時也會離開崗位，但禪依舊在世間，因為它的存在不用依靠造物主。禪修只為了找到活在世間的道理，而不需依靠外在的力量。五祖法演在弟子面前伸出手，問為什麼稱它為手。當我們知道其中蘊含的道理，就會開悟，就能體會禪意。然而一旦把神祕主義所謂的神放入禪修中，就是有明顯的追求目標。也就是說，為了認識神，就要排除與神無關的事物，這是自我限制。而禪宗要追求的是絕對自由與獨立，連神都要放下，因此才說「應無所住，而生其心」。「念佛號後要馬上漱口」，也是同樣的意思。禪宗絕不是惡意要謗佛與提倡無神論，只是體悟到文字、名稱有它們的限制。有人前來詢問經典要義時，藥山惟嚴一言不發，走下講座就回禪房。百丈獨自向前走了幾步，便停下來展開雙手，由這個行為展現他對偉大禪意的體悟。

（八）

悟並非不正常的心理狀態，可當成心理學家的研究材料。相反地，開悟就是健全的心理狀態。我前面以「心理狀態全面提升」來描述開悟，但有人會認為，一般人得提防進入那種狀態。這完全是誤解，但不幸的是，一些偏激的批評家總是如此認為。趙州說：「平常心是道。」一切都決定於大門是向內開，還是向外開。僅在一瞬間，事物的樣貌一變，就體會到禪意，但你還是完完整整的自己，完全是普通人。同時間，你又得到某種全新的東西。所有心識活動都會以全新的節奏進行，你會更滿足、更平和，體會到前所未有的喜悅與充實感。人生的色彩為之一變。開悟後，人將重返青春，春花看起來更為美麗，山澗小溪看起來更為清冷透明。這種主觀意識的革命並非不正常的心理狀態。當人生變得更為快樂，生命就會變得更寬廣，進而懷抱整個宇宙。開悟所帶來的珍貴寶藏，值得我們努力去追求。

1 《雲門匡真禪師廣錄》，卷中。

2 《古尊宿語錄》，卷四十一，《雲峰悅禪師初住翠岩語錄》：「雲門不識好惡，恁麼說話。大似為蛇畫足，與黃門栽須。翠岩則不然。這僧與麼悟去，入地獄如箭射。」

3 《五燈會元》，卷三：「未幾，令師（道謙）往長沙通紫岩居士張公書，師自謂：『我參禪二十年，無入頭處，更作此行，決定荒廢。』意欲無行，友人宗元者叱曰：『不可。在路便參禪不得也去。吾與汝俱往。』師不得已而行，在路泣語元曰：『我一生參禪，殊無得力處。今又途路奔波，如何得相應去？』元告之曰：『你但將諸方參得底，悟得底，圓悟、妙喜為你說得底，都不要理會。途中可替底事，我盡替你。只有五件事替你不得，你便自家支當。』師曰：『五件者何事？願聞其要。』元曰：『著衣吃飯，屙屎放尿，駝個死屍路上行。』師於言下領旨，不覺手舞足蹈。元曰：『你這回方可通書，宜前進，吾先歸矣。』元即回徑山。師半載方返，妙喜一見而喜曰：『建州子，你這回別也。』」

4 《五燈會元》，卷九：「山問：『我聞汝在百丈先師處，問一答十，問十答百。此是汝聰明靈利，意解識想，生死根本。父母未生時，試道一句看。』香嚴被一問，直得茫然。歸寮，將平日看過底文字從頭要尋一句酬對，竟不能得。乃自嘆曰：『畫餅不可充饑。』屢乞溈山說破。山曰：『我若說似汝，汝已後罵我去，我說底是我底，終不甘汝事。』師遂將平昔所看文字燒卻，曰：『此生不學佛法也，且作個長行粥飯僧，免役心神。』乃泣辭溈山，直過南陽忠國師遺跡，遂憩止焉。一日，芟除草木，偶拋瓦礫，擊竹作聲，忽然省悟。遽歸沐浴焚香，遙禮溈山。贊曰：『和尚大慈，恩逾父母。當時若為我說破，何有今日之事？』」

5 《五燈會元》，卷十七。

第七堂

公案

禪宗出自於東方人特有的心靈，它獨特之處在於：有具體的實踐方向、有系統地訓練心智，並以此達到悟的境界，且參透人生的奧祕。由此來看，禪宗也許可稱之為神祕主義，但就其組織、訓練方式以及修行的成果來說，則與其他所有的神祕主義迥異。原因正是它獨有的公案及坐禪。

坐禪，它的同義語是梵語的禪那，是所謂結伽趺坐的沉思默想。不必說，它起源於印度，隨後普及於整個東方，已延續了數世紀，直到今日，修行者仍得認真練習。就這一點來看，坐禪在東方是最普遍、最實際的精神訓練法。但只有搭配公案，它才會有特色，成為禪宗獨有的修行方法。而對坐禪或者禪那的詳細說明，則不是本章的目的。

本章專門介紹公案，因為對盛行於東亞地區的禪宗來說，公案是其主要特徵。禪那原是佛教訓練中的三學，即尸羅（戒）、禪那（定）、般若（慧）中的一種。也就是說，要成為合格的佛教徒，就要全心全意恪守佛陀傳下的道德規範，精於掌控自己不合宜的慾望，以及能運用精密的邏輯推論，進而領會高深的佛教哲理。只要缺少其中一種能耐，就不能稱為合格的釋迦牟尼弟子。然而隨著時代的演進，情況變得有些不同，現在許多佛教徒只專攻三學的其中一種。有些人最看重持戒，有些人則專注於練習坐禪，有的則努力在知性上鑽研佛教教義。大多數的禪修行者都應該有在練習禪那，但禪宗裡的禪那已經不具有其原始意義。禪那是從印度來的一種精神修行，但禪宗的坐禪與前者目的不同。

天臺宗祖師智者大師為了有系統地闡釋「禪那波羅蜜」，他引用了大乘經典。當中提到，每個虔誠的佛教徒立下四弘誓願後，就要修習禪那來自我提升。四弘誓願即：一、眾生無邊誓願度；二、煩惱無盡誓願斷；三、法門無量誓願學；四、佛道無上誓願成。他講述了修習禪那的各種優點與成果：

禪那中蘊藏了豐富的智慧，更是充滿功德的福田。
處於禪那中，就像浸在清淨的池子一樣，能洗去所有慾望的灰塵。

禪那就像無堅不摧的盔甲一樣，可以阻斷煩惱之箭。
雖然禪那還不到無為的境界，但已經能讓你體驗涅槃的感覺。
你會修得絕對專注的金剛三昧，以摧毀與生俱來的各種煩惱障礙。
你會修得六種神通（神足、天耳、他心、知宿命、天眼、不再輪迴），以幫助成千上萬無可計數的眾生。
若是灰塵濃到遮蔽太陽，只要一場雨就可以清洗天空。
如風搖擺的各種大小念頭，禪定能一舉毀滅它們。1

禪那，即Dhyāna，字根為dhi。這個詞有「感知」、「反省」、「集中心智」等意義。在詞源學上，它與dha有關，後者則包括「堅守」、「保持」、「維持」等意義。總合起來看，禪那意味著凝聚心思，不偏離正道，把精神集中於唯一的思想目標。因此，無論是休息禪定或禪那，外界一切大小干擾都得盡可能排除，如此才能將心帶往最佳狀態。這麼一來，心靈便逐漸擺脫各種身心慾望的擾動與影響。例如，飲食保持節制、避免過度睡眠；身體放鬆、保持舒服的姿勢，但肩頸背要維持挺直。此外，還可學習印度人還發明的呼吸調節法，這可是他們名聞世界的獨門技術。其次，禪那修行者要精挑細選，找好坐禪的場所，最好避免在市場、工廠以及工作場所練習。其他關於肉體和心靈的注意事項、規則等，大多保存下來，智者大師在《禪門修證指要》的書中有著詳細的記述，此書主要是根據大乘觀點來講述的。至於小乘的解釋，請讀者參考《俱舍論》。

在佛教教義中，禪那或坐禪的區別，確實是很繁瑣的問題，因此我們無法深入討論，只能提及兩、三個與禪相近及交替使用的用語。禪那是指讓心保持安靜的一般方法，三昧（Samādhi）則是修習禪那後所達到的心境。表示「定」的詞有六、七個，各有其特定意義，很多書都有說明。這些詞即等持（Samāhita）、三摩缽底（Samapatti）、心一境（Cittaikagrata）、奢摩他（Samatha）、現法樂住（Drista-dharmaSukhavihara）等。

上述簡要說明禪那後，我們就十分清楚，禪宗的坐禪與一般佛教徒的靜坐，在心靈層次上是不同的。就禪宗而言，坐禪是用來解開公案的手段，但禪那本身不是目的。解公案為先，坐禪是其次。當然，禪修的層次要提升，坐禪也要達到一定的功力。因為，如果沒有徹底修習坐禪，就算解開了公案，但當中蘊藏的生命奧義就不能牢牢紮根於修行者的心中。公案和坐禪都是用來輔助修行者掌握「禪」，而前者是眼，後者是足。

在佛教傳入中國初期，最先引起佛教徒熱切投入的，是佛理的哲學討論。華嚴、法華、般若、涅槃等經典在中國老早就有人翻譯。中國學者最感興趣的，是佛經所包含的形上學與高深思想。他們之所以能閱讀與討論佛教原典，傑出的翻譯家鳩摩羅什功不可沒。接下來引起中國學者投入研究的，則是佛教的倫理學。

中國禪宗初祖菩提達摩在六世紀從印度到來時，被當成異端，受到各種質疑。佛教學者不理解他、憎恨他。六祖慧能原本只是默默無名、低調修行的僧人，後來成為禪的正統傳道者，但一開始還沒有引起其他修行者的特別注意。直到這時，坐禪的修行方法都還是維持小乘佛教的風格，從中國初期的佛教傳記，或是當時與禪那有關的翻譯佛經，都可以證明這一點。在慧能後又過了一兩代，我們今日所認識的禪宗才躍上歷史舞臺並迅速發展，鋒芒壓過了其他佛教流派。現在中國的佛教寺院沒有不屬於禪宗的，其中大部分屬於臨濟宗。禪宗能如此收編所有宗派，主要就是有坐禪這個修行項目，它是解開公案以及達到開悟的必要方法。

公案在字面上的意義是指公文或法律判決，在唐朝末期才風行起來。今日，公案指的是古代禪師的逸話，或是禪師與弟子間的問答，以及禪師提出的意見或提問。禪宗用它來開啟人心以及追尋禪的真諦。不用說，在初期並不存在我們今天所知道的公案。後代的禪師們懷抱熱忱而殷切的心，針對慧根較差的弟子而設計這些教學方法，讓他們內心的禪種子能萌芽茁壯。

當然，就算放著不管，心靈為了各種目的也會自己成長。但一直等下去不是辦法，無論結果是好是壞，我們總想要介入、推它一把。我們忍耐不了，只要抓住機會，不管何時都要插手幫忙。有時介入有效，有時一丁點成果也沒有，但通常有利也有弊。在得大於失的前提下，我們喜歡有人插手幫忙，當作改良或進步的過程。若結果不如預期，則稱為退步。文明是人類投入心力創造出來的，但還是有人對它不滿，希望返璞歸真。因此，即使在進步的現代世界，生活各方面也不一定都完美而毫無瑕疵。但大體上，至少在物質方面，我們過的生活比以前更幸福，也能預見更好的未來。因此，我們對文明的抱怨都只是點到為止。

同樣的道理，在純粹、自然、單純的禪修中引入公案教學法，雖然是離經叛道，但在某種意義上也是一種進步。然而，一旦它成為既定的教法，現在再想廢止就非常困難。畢竟，禪師們都很重感情，會擔心有些弟子天賦、慧根不夠，而失去了理解禪意的契機。他們自己在禪修過程中得到了美妙的洞察力，也希望能傳授給弟子。這種宛如母愛一般的本能驅使著他們，讓他們思考著，要如何打開那些弟子們的心，好讓他們體會開悟這前所未有的美好狀態。有時禪師也不惜用激烈的手段，不放任弟子過著無明的日子，否則，除非遇上僥倖的機緣，他們絕無法開悟。禪師們很清楚，如果不是產生於人的內在需求，就不是真正的禪心，也不會具有創造力，畢竟公案是刻意設計、額外的教學方法。但是即使是膚淺的禪意也會讓人有所收穫，畢竟開悟非常不容易，也很少人可以達成。再者，如果不刻意追求，悟很容消失於人類原有的經驗範圍。況且，公案未必只是權宜之計，其中也許包含著真理，或是延伸出許許多多的意義。正因為如此，公案與坐禪這兩種修行法若搭配得宜，確實就能打開我們的心，讓我們到掌握禪的真諦。既然如此，我們就應該好好研究，設法發揮它最大的功效。

禪師們最初是獨學之士，他們不受過教育，也不曾進入學院學習一整套的課程。但是，他們受到一股內在需求所驅使，總是精神奕奕到處遊歷，汲取所需的知識，毫不懈怠地自我精進。禪師也有老師，而且教導方式截然不同。今日的學校老師提供的協助太多，常常超過學生的真實需求，也不見得對學生有益。過去沒有所謂的柔性教育，所以禪宗大師都被訓練成心智強大而充滿氣魄之人。因此在禪宗發展初期，即唐代中葉，佛門充滿活力，呈現出生機勃勃的氣象。到了宋代末期，公案教法已經很普遍，但禪宗的全盛期已經過去，慢慢出現沒落與僵化的徵兆。

這裡有一則早期公案，應該能給後來的學子一些啟發。六祖慧能大師對僧人惠明說：「不去想如何為善、也不想自己是否為惡，在這個情況下，您本來的面目是什麼呢？」[2]如果能解開這個問題，就能得到禪的奧義。同樣地，對西方人來說，先祖亞伯拉罕誕生前，「我」的真實面目是什麼呢？若能與這個「我」有密切親近的交流，就可以更為明確地知道自己是誰、神是誰。也就是說，六祖教我們親近與認識本來的「我」，用比較形上學的話來說，即內在的真我。

六祖如此向惠明提問，因為斷定對方的心已經相當成熟，可以參透這個道理。六祖表面上是質疑提問，但其實給了肯定的答案，以啟蒙聽者的心靈。他知道，惠明的心正準備開啟，能夠接收禪到的真理。多年下來，惠明孜孜以求，在黑暗中摸索禪的真理。他的心恰如熟透的果實，稍一搖動就會落在地上，而這最後一步，就等著老師的手輕輕一碰。探索「本來面目」，是必經的最後一哩路；惠明的心在提問當下就開啟，並抓住真理。

不過，「本來面目」這類問題對於初學者也一樣有啟發性，雖然他們不像惠明一樣有深厚的禪修底子。為了打開初學者的心，師父通常會提問，使他們領悟到：他們一直以為許多事情若非為顯而易見的事實，就是在邏輯上不能成立。不過這種常見的觀點既不正確，更無助於滿足精神上的需求。學生若領悟到這些，就應該深思熟慮「本來面目」的道理為何，找出當中蘊藏的真理。公案的目的就是催促修行者拿出追根究柢的態度。因此，認真面對公案，就宛如把自己逼到斷崖旁邊，到除了跳入谷底外別無出路。修行者必須不斷探尋，在瀕臨精神的臨界點時一躍而下。當他在精神上放棄最後一絲求生的繩索時，就能看見六祖所謂「本來面目」的全貌了。

不過，我們也由此看到，今日的公案教學與過去的用法完全不同。六祖提出疑問時，惠明的修行已達到頂峰、準備出師，正所謂萬事俱備，只欠東風。現在公案卻變成第一堂課，被當作啟蒙方式，也就是說，作為追尋開悟過程的入門體驗。儘管今日的教學一開始比較制式化，但過程會慢慢調整方向，以孕育學生的禪意識，而公案可說像酵母一樣。在因緣齊備、條件充足時，心才能達到開悟的境界。現代禪宗的特徵之一，就是要善用公案，好讓心靈看到自己深藏的祕密。

日本的白隱慧鶴禪師經常伸出一隻手，要求弟子們聽它的聲音。一般來說，雙掌互拍才聽得到聲音，所以一隻手無法發出聲音。我們的日常經驗，一般都建立在所謂科學或邏輯之上，但白隱要挑戰這個前提。為了培養禪的體驗，並以它重建生活秩序，白隱不得不提出這種破壞性的質疑。因此，即使這些要求明顯地違反自然原理又不合邏輯，但白隱還是屢次向年輕的僧徒們提出。要解開「本來面目」的公案，修行者好像得「看見」什麼；要理解「單手拍掌」的公案，就好像得「聽到」什麼。但兩個公案的最終目的是一樣的，都是要讓修行者打開新的密室，以挖掘無盡寶藏。況且，無論是「看見」或「聽到」，它們都跟公案要傳達的根本意義毫無關係。如禪師所說，公案不過是一塊敲門磚，就像指著月亮的一根手指，都是是為了統合、超越感官的限制。心若受到束縛，就無法聽到單手發出的聲響，那它就是一顆不自由、不完整的心。

心不想了解創造的奧祕與關鍵，反而徒勞無功地把自己埋在事物的相對性之下，只認識表相的世界。若心無法從束縛中被解放出，人就不能在此世安住。其實，單手拍掌的聲音非常真實，上至天界、下至地獄都能聽到。同樣地，本來面目完完整整地看著造物主所創的世界，直至時間的盡頭。白隱與六祖都懂這個道理，若同在一個場合，會握著彼此的手惺惺相惜吧！

再舉另外一個例子。有弟子問：「達摩祖師為何從西方過來傳教？」這問題等於在問：「佛教的根本原則是什麼？」趙州禪師則回答：「庭院裡的那棵柏樹。」僧接著問：「請問師父，這是用外物來象徵某種道理嗎？」趙州回答：「我不會用象徵物來講道理。」僧人又問：「那到底祖師為何從西方來？」趙州繼續答：「庭院裡的那棵柏樹。」[3]這則公案也是專為初學者所作。

從抽象角度或常識觀點來看，這些公案也不是完全不合理，甚至多少還有些可供理性討論的空間。例如，有人會把白隱的那隻手，當作宇宙或大無限的象徵，把趙州的柏樹當作佛教最高原則的體現。據此，人們也許會認為佛教有泛神論色彩。然而，用知性來理解公案就掌握不到禪意了，柏樹或手掌都不是任何形上學的象徵。禪學不是哲學，有其存在的特殊原因，這一事實絕不能忘記。否則，禪宗的各方面都會分崩離析。柏樹永遠是柏樹本身，與泛神論或其他任何思想流派沒有關係。無論是從廣義上或一般意義上來看，趙州都不是哲學家，他是徹頭徹尾的禪師。從他口中說出的一切，都是在直接表達其精神經驗。雖然主觀與客觀、內思與外境之類的二分法在禪宗裡完全不存在，但若沒有修行者的個人體驗，柏樹就完全失去了它的意義。如果趙州所談的只是理論或概念，那透過理性思考，一層層解開其中相連的觀念，就可以解開困難的公案了。然而禪師們這時會說，禪已遠離我們三千里了，而趙州的靈魂會在幕後放聲大笑——我們始終看不透他設的局啊！

我們心靈深處有些地方，是邏輯分析無法碰觸到的，而公案的用處就是在灌溉這些地方。當心靈成熟後、與趙州心靈相通後，就能理解柏樹的意義，且堅定不移，不再有任何疑惑。趙州歿後，有人問他的弟子覺鐵嘴：「聽說趙州禪師提到庭院裡的柏樹，真有此事？」覺鐵嘴說：「他從未說過。」這當然不符事實，眾所周知，趙州有說過那句話，覺鐵嘴自己也很清楚。而提問者目的，是想就「柏樹」的意義來考驗一下覺鐵嘴的洞察力。那人又進一步追問：「到處都有人在流傳這個故事，有人問趙州：『達摩祖師為何從西方過來傳教？』師父答：『庭院裡的柏樹。』您怎麼說沒這回事。」覺鐵嘴只回答：「先師真的沒有說過那些話，閣下不要再汙衊他了。」[4]

覺鐵嘴這番回答真是膽大妄為。但對於開悟的人來說，這種明確的否定態度，正足以證明，他深深掌握到師父的精神。毫無疑問，他的修行有一定的程度。從常識觀點來看，任何理性分析都無法解釋這種斷然拒絕的說法，因為那與事實明顯不符合。有批評家認為，柏樹公案足說明大乘佛教有泛神論的色彩，但禪宗毫不留情地予以駁斥。

因此，如前所述，公案會阻斷一切理性解釋的空間。也就是說，當我們幾次三番向禪師提出自己的見解時（禪宗稱之為參禪），你就知道自己的理性思考已經走到死胡同，而這正是習禪的真正出發點。任何人體驗到這一點才能入禪，若能到這個境界，可以說公案的目的已完成了一半。

用通俗的話來說，心靈中有很多未知的空隙，就在就在我們條理分明的意識的邊境。透過這種說法，一般讀者就比較容易了解禪的境界，把它稱為潛意識或超意識並不妥當。「邊境」這個詞也只是方便表達禪的心境，事實上，在我們意識中，並不存在「邊境」、「上層」或「下層」。

心是一個整體，無法分割成小單位。稱呼禪境為心靈中「未知的大陸」，只是一種方便讓一般人了解的說法，因為我們目前所知的意識領域，已塞滿了各種零碎的概念，為了培養禪的體驗，就一定要除去這些碎屑。研究禪的心理學家常說，我們心中有某個難以觸及的地帶。但事實上，在我們的日常意識之外，並不存在這樣的隱藏地帶，我們只是為了方便討論才這麼稱呼它。禪師用公案掃除了通往終極真理的障礙物，讓我們領悟到「心靈的隱藏地帶」並不存在，就連一般看來非常神祕的禪理，其實也沒那麼難懂。

公案既不是謎語，也不是賣弄小聰明的文字遊戲。它具有明確的教學目的，是為了喚起學生的疑念，進而質疑一切自以為明白的道理。奠基於邏輯的陳述，當然只有透過理性才能理解，而相關的疑問或難題，只要順著推論的自然方向，就可以得到解決。河流溪水流向大海，這是不言而喻的。但公案卻是立於半途上的鐵壁，讓所有理性活動不得跨越雷池半步。趙州說出「庭院裡的柏樹」，白隱伸出一隻手，這些舉動很難用邏輯思考去理解。面對此困境，弟子感到自己思想的進程突然被打斷，不知道有什麼辦法可以打破這無法逾越的鐵壁，因而焦慮萬分。一旦到達這一臨界點，我們的完整人格、內在意志以及最深的本性都會被喚起，以挺身面對當前的議題。我們的思想中不再有「我」、「非我」、「這個」、「那個」的區別，要以直球對決的態度，向這公案的鐵壁前進。如此拼了命地去撞牆，有時就會意外開啟我們從未意識到的內心領域。這麼一來，我們就能超越邏輯二分法的限制，得到全新的生命，喚醒內在意志，進而洞察事物的真相。這時，公案的意義才變得清楚，正如俗話說，如人飲水、冷暖自知。

我們當然知道，耳朵與眼睛有各自的感官能力，但只有完完整整的心才能得到開悟。開悟也是一種感知行為，但層次更高。修行的價值就在這裡，我們也因此更加堅信，在理性之上，還有其他事物在運作。

若能衝破公案的鐵壁，除去理性的障礙，人又會回到條理分明的意識：沒有用兩隻手掌就不能拍出聲音、柏樹就長在庭院裡、鼻子總是直著長、兩眼總是平行排列。禪意就在世上最普通的事物當中。我們總想像著遠方廣闊的草原，但其實在我們每日走過的土地上，就有最秀麗的風景。因此，在開悟之後，我們會再次看到熟悉的世界，以及無數符合邏輯的事物與觀念。但我們平凡看待，只說聲：「好極了。」

還沒有公案教法時，也許禪修方式更為自然而簡單，但只有少數人能過關斬將，得到禪的真諦。試想，若你生活在那個時代，被人粗暴地抓住肩膀質問一番，該怎麼反應呢？聽到師父大叫：「乾屎橛！」或者聽他的吩咐送上蒲團，結果卻挨了一頓打，這些事情你會怎麼看待呢？為了探測禪的深意，你還要有鋼鐵般的意志，堅定地相信，禪學當中一定有某些道理，也許經過十幾年的冥想，就可以充分掌握。然而上述這些情況，於今日已經很少見了。我們再也無法憑一己之力走出禪的迷宮，因為我們被太多俗事纏身，無法專心修行。在唐代時期，人心單純，凡事不疑，頭腦也沒有塞滿理性的偏見。但歷史告訴我們，高峰之後總是會走下坡，為了維持禪宗的活力，他們必須找到某種方法，讓禪學更容易推廣，更為普羅大眾所接受，而公案教法便是針對下一代以及更廣大群眾所設計。不過就禪宗的特質而言，它終究無法成為像淨土宗或基督教那樣有廣大的信徒。在我看來，禪宗在六祖慧能之後可以延續香火、代代相傳好幾個世紀，便得歸功於公案教法。在禪宗的發源地中國，已經沒有單純的禪宗了，傳承也已中斷，當前盛行的修行方式是口念佛號，希望可以往生西方極樂世界。唯有在日本，禪宗仍活力無限，保有最正統的教理。有許多理由證明，因為公案問答與坐禪相輔相成，日本禪宗才能延續下去。儘管這套教學系統是刻意設計出來的，也會引起嚴重的誤解，但若運用得宜，就能不斷延續禪宗的香火。在合格的禪師指導下，修行者依法修行，就有可能體驗到禪意，也必定會開悟。

由此可知，只要按著修行次第，循序漸進，就能體驗到禪的真諦。也就是說，公案是精心設計的教學系統，有一定的目標與方向。因此，我們絕不能將禪宗與其他神祕主義混為一談；後者只能依靠零碎片段的個人經驗，有時靠運氣才會出現。因此，禪宗最主要的特徵就是公案教學。透過這些問答，我們才不會投入、沉溺於出神體驗或無所事事的沉思，或是把修行變成死氣沉沉的活動。修行的目的，是為了在人生各種活動中把握生命，而不是自我限縮、只觀察片段的生命狀態。禪師不斷提出公案，打斷我們的幻想，讓我們心靈充滿挑戰，心智才會完全活化起來。在這過程中，我們才能開悟。否則，有些人還以為，要壓抑心智活動才能悟道。透過以上說明，我們認識了公案的特性，也更清楚坐禪與一般人所理解、練習的冥想有多大差別。

禪宗開始有正式的體系，是開始於中國五代時期，即十世紀時。在日本，則集大成於德川時代偉大的白隱禪師。無論公案怎麼遭到濫用，但日本禪宗沒有走上衰敗滅亡，還是歸功於公案。看看中國禪宗的近況吧！就我們所知，它只剩下名稱跟禪有關。至於日本的曹洞宗，今日他們的信徒都只偏好打坐。無可否認，曹洞宗有很多優點，也值得我們鑽研學習。但如果說要體現禪的生命力，臨濟禪才真是活力十足，因為它採用了公案教學。

有人會反駁說：「如你所說，既然禪意遠遠超出理性範圍，那就不應該有正式的教學系統。事實上，什麼都不能有，因為系統這個概念，就已屬於理性的範疇。為了追求禪的一致性，我們必須除去一切有程序、有體系以及有紀律的事物，只留下單純而絕對的經驗。公案是無用的贅物，是表面文章，更充滿許多互相矛盾的內容。」

無論是從理論上或是從絕對的觀點來看，這話是對的。應該用直球對決的方式修行，公案是沒有必要的，迂曲的教學方法也派不上用場。只要有竹篦、扇子或一句話，即足矣。但就算你當下回答「這是竹篦」、「聽到了」、「看到拳頭」，禪也已經遠離了。禪就如電光火石，連一絲讓人思考的餘地也沒有。之所以提到公案或體系，只是要說明禪的具體教學和傳承。

如前所述，就連撰寫本書，筆者也覺得是一種讓步、辯解和妥協，而禪宗朝向正式組織發展，也是不得已的趨勢。

對於旁觀者來說，禪宗組織化的過程很奇特，當中充滿了矛盾，禪師們傳授的道理互相衝突，令人困惑。某位大師的主張被另一位大師斷然否定或挖苦嘲諷。因此，初學者總會不知所措，不知怎麼看待這些永無止境、糾纏不清的對話。事實上，我們不應該從表面去理解禪；它的各種特性，包括體系、理性、一致性、矛盾或是不和諧，都只是表相。要理解禪，就得顛倒順序，從內部往外觀察，就像把一大片的錦緞翻過來，從另一面仔細檢查，就能看出它經線與緯線如何交織。

宋代的汾陽善昭大師說過：「當你知道拄杖是什麼，那你這次求學參訪就完成了。」這其實可當作一個簡單的公案。禪師手持一根稱為拄杖的木棒，除了用來表示他在佛門的地位，也是他跋山涉水、遊歷四方的好工具。這是禪師最常用的道具之一，而為了說明教義，也常常在僧眾集會時拿出來，並引起僧人們的激烈辯論。有位禪師反對汾陽的意見，他說：「一知道拄杖是什麼，就會飛快墮入地獄，像箭射出去一樣。」如果這是真的，那恐怕沒有人會認真修行了。這位禪師說的話是否有其他含意呢？南宋的破庵禪師就沒那麼激烈，他的看法比較理性而溫和：「知道拄杖是什麼的話，就拿去放在牆邊吧！」[5]以上三位禪師斷定的是同一個事實、指出的是同一個真理嗎？也許不只用詞不同，也許三人要指出的事實與真理也都相互牴觸？我們再來看看其他禪師怎麼談拄杖：

宋朝的睡龍道溥禪師上堂開示時，拿起拄杖說：「我二十年住在山上，全靠它才有力氣。」有位僧人接便問：「是哪一種力氣呢？」睡龍回答：「過溪、爬山、東行、西走，都要靠它。」招慶禪師後來聽到這段對話後說：「我就不會這樣回答。」一旁僧人問：「那師父會怎麼說呢？」招慶拿起拄杖，就走出禪堂了。破庵對這兩位禪師做了如下評述：「睡龍那根拄杖很好，可惜龍頭蛇尾。招慶跟著談拄杖，卻好像在老虎的畫像上添加斑點，是多餘的說法。當時若有人問：「師父得到哪種力氣呢？」只要馬上把拄杖丟出去，保證你就會有騰雲駕霧的能力。6

試問讀者，為什麼這些禪師要這樣漫無目的地爭辯？如果現代禪學自成為一個體系，它會是什麼樣貌呢？看起來確實是渾沌一片，禪師們的話充滿了矛盾。但從禪的觀點來看就可以明白，在這種錯雜混亂中，有著一脈相承之處。禪師們透過強烈的回應方式，來支持彼此的看法。他們在表面上反駁對方，但其實打從心底全力肯定。當中沒有一點邏輯，禪師們用自己特有的方法，提出補充意見，這也是公案所要傳達的活力與真理。平白直述的文句就不能創造如此豐富的意義。白隱的單手掌，趙州的柏樹也好，或者六祖的本來面目也好，都是鮮活地在展現禪的核心意義。一旦接觸到禪的真髓，我們用邏輯和分析掩蓋的宇宙萬象，就會從廢土中再次升起。

公案的教學對象是修行人，至於想要多了解一些的讀者，下面再舉四個例子說明：

五代十國的仰山慧寂禪師在江西的東平山修行時，溈山靈祐曾送他一面鏡子。溈山在禪堂上拿起來給眾僧看，並說：「請問這面子要稱為溈山鏡，或是東平鏡？若說是東平鏡，可它是溈山禪師送來的啊！若說它是溈山鏡，現在又在我這個東平山修行人手裡。弟子們說說看，這是什麼道理，說不出來的話，我就把它打破。」底下的僧人不知該怎麼回答，仰山就把鏡子打破。7

洞山曾到雲門處求教。雲門問：「你最近到過哪裡？」洞山說：「查渡。」雲門問：「那你夏天又在哪裡？」洞山說：「湖南報慈寺。」雲門問：「何時離開的？」洞山說：「八月二十五。」雲門忽然厲聲大喊：「賞你三大棒！」隔天，洞山又來問安：「昨天有勞師父賜我三棒，弟子不知哪裡犯錯了？」雲門又大罵：「飯桶！你就這麼去江西、湖南這些地方嗎？」洞山隨即開悟。8

有天，溈山在禪房休息，仰山來問安，溈山便把身體轉向牆壁。仰山問：「師父為何這麼做？」溈山像是剛睡醒一樣，起身說：「我剛剛做了一個夢，你幫我解解看。」於是，仰山端來一盆水讓師父洗把臉。過了一兒，香嚴志閑也來探視，溈山說：「我剛剛做了一個夢，慧寂幫我解了。你也幫我解解看吧。」香嚴於是端來一杯茶。溈山誇獎他們說：「兩位弟子的見解，比佛陀的大弟子舍利弗還高明。」9

石霜慶諸過世後，弟子們想請管理全僧眾的首座當住持，但石霜的侍者九峰道虔說：「要先了解先師傳授的道理，才可以接管佛寺。」首座問：

「那先師教了什麼呢？」九峰說：「先師曾說過：『放下吧！休息一下吧！讓自己冷冰冰地孤寂地活著。在放下的念頭中，讓萬年的歷史都過去吧，最後讓自己變成變成枯木、死灰、古廟香爐裡的粉塵或是一條白絹絲，其餘的事都不要執著。』」九峰繼續提問：「什麼是一條白絹絲？」首座答：「那就是所謂的『一色邊』，代表絕對清淨、萬事平等的境界。」九峰說：「原來首座還不了解傳授的道理。」首座說：「既然你不同意我的說法。那好，現在點一炷香，等它燒完我還沒說出個道理的話，那我就承認自己沒有理解先師的教誨。」香點了之後，還沒燒完，首座就陷入昏迷狀態，再也沒醒過來。首座過世了，九峰撫著他的背說：「雖然你有坐著就離世的功力，但是先師要傳授的真意，你連作夢都夢不到。」[10]這則公案讓我們明白，禪修絕對不是沉溺於空無當中。

公案的數目傳統上估計有一千七百則，這是用最寬鬆的方式計算。然而，從實際效果來看，只要有十則公案，甚至只要有五則、一則，就能充分啟發人心，進而認識禪的真諦。要徹底開悟，就得有幾近自我犧牲的心情，投入全部心力，且懷抱堅定的信念，相信禪修必然會有成果。但不必像一般臨濟宗的修行者那樣，依序解開公案才能開悟。證道與否，跟參透多少公案完全沒有關係，必要條件只有信念和精進，沒有的話，禪只是泡影。禪修不是沉思，禪理也不是抽象概念，不了解這前提，沒有投入全部心力去探究，就不能深入了解禪意。不管公案有多少，也許有幾百則，又或者如同充斥宇宙的塵埃那樣數不清，都不是我們應該關注的問題。只要人們能獲得全方位的觀點以及完整的洞察力，如實地看到事物的樣貌，公案的任務也就完成了。

不過，公案教學也它有潛藏的危險。有些人會把參公案當作禪修的唯一功課，因而忘記開展自己的內在生命，那才是修行的真正目的。落入這一陷阱的人為數不少，可想而知，禪宗也免不了要走向衰敗與沒落。大慧宗杲燒毀了他的老師圜悟克勤的公案著作，就是擔心這件事情發生。當初，圜悟把他老師雪竇重顯的教學內容，整理成一百則公案，並以詩句的方式一一評註（稱為評唱），將書名取為《碧巖錄》。大慧有得到師父的真傳，因此圜悟選錄、評論這些公案的目的，他都一清二楚。他還知道，這上百則公案日後必定成為禪宗的毒藥，因此把這本書的印刷刻板投入火中。

幸好，本書的紙本有流傳下來，今日已經是最重要的禪宗經典，可說是指標性和權威性的作品。今日學子習禪有疑義時，都要翻閱這本書，但對於門外漢來說，卻像是一部天書。首先，內文使用的不是一般的古典漢文，而是充斥著唐宋時代的口語文字。今日，我們只有在禪宗文獻才能看到那種文句。其次，它的寫作風格是這類作品所特有的，其思想和表達方式，既不是一般的佛教語言，也不是我們熟悉的古文。一般讀者沒料想到這一點，往往讀了不知所措。這些不易理解的文字與寫作風格，反而使《碧巖錄》更加充滿了禪意。想要了解修行者是如何面對諸多公案，一定要參考這本書。

此外，還有一些類似的公案著作，如《從容錄》、《無門關》、《槐安國語》等。事實上，在無數禪師的語錄、對話錄、傳記和歷史當中，都可以看到禪宗獨有的參公案。公案的各種觀賞批評，都是以美術家賞玩優秀作品的那種態度和方法記述下來的。

幾乎所有禪師都留下了語錄，成為禪宗文獻的主要成分。佛教的哲理研究包含各種注疏、說明與分析，內容通常都詳盡又複雜。禪宗文獻則完全相反，它是由一針見血的評論、勸世警語與以及嘲諷意見所構成。禪學著作的另一特徵是對詩詞的偏好，所以禪師還會用詩詞來讚美或評析公案。我們可以在《碧巖錄》或《從容錄》中看到許多例子。前一本著作前面已經提到，《從容錄》的作者為宋朝的宏智正覺，他也是用詩詞來評論自己精選出的公案。相對於哲學研究，用詩詞比較能表達禪意，畢竟禪跟人的感覺密切相關，較難以用理性思考去認識。因此，禪宗會偏好詩詞，自然是難以避免的。

1 《釋禪那波羅蜜次第法門》卷一上：「禪為利智藏，功德之福田。禪如清淨水，能洗諸欲塵。禪為金剛鎧，能遮煩惱箭。雖未得無為，涅分已得。得金剛三昧，摧碎結使山。得六神通力，能度無量人。囂塵蔽天日，大雨能淹之。覺觀風動之，禪定能滅之。」

2 《五燈會元》，卷二：「不思善，不思惡，正與麼時，阿那個是明上座本來面目？」

3 《五燈會元》，卷四。

4 《五燈會元》，卷四。

5 以上三則對話請參考《汾陽無德禪師語錄》、《破庵祖先禪師語錄》、《續藏經》。

6 《破庵祖先禪師語錄》：「睡龍一日上堂，拈起拄杖說：『二十年住山，全得者個氣力。』時有僧人問：『得它什麼力？』龍云：『過溪過嶺，東拄西拄。』後招慶禪聞：『我則不恁麼道。』僧云：『和尚作麼生道？』慶將仗下地拄行。師云：『睡龍好條拄杖，可惜龍頭蛇尾。更得招慶隨後打摟，大似畫虎添斑。當時待它道和尚得它什麼力，拈柱杖便擲，管取拏雲握霧。』」

7 《五燈會元》，卷九。

8 《五燈會元》，卷十五。

9 《五燈會元》，卷九。

10 《五燈會元》，卷六。

第八堂

禪堂與僧侶生活

禪堂是教育僧侶的場所，認識禪堂制度的規定，就能稍微理解禪宗的實際生活和訓練情況。日本以禪宗為主的寺院，大部分都實行這種獨一無二的制度。禪堂中僧侶的日常作息，也會讓人聯想到印度僧伽的生活。

這種制度是由唐朝的百丈懷海禪師在一千多年前創立的。這位著名的高僧以「一日不作，一日不食」作為自己的生活指導原則。百丈喜歡勞動，但弟子們擔心他的身體，畢竟百丈已至耄耋之年，應該多休息。他屢次不聽勸告，弟子們只好將他的工具藏起來。但他仍堅持「一日不作，一日不食」。如此一來，勞動工作就成為禪僧生活的主要部分，尤其是那些給男人做的粗活。寺院的工作大多為體力活，主要是打掃、洗衣、燒飯、撿柴、下田或者到遠近村落去化緣。僧人不會把這些工作當成是卑賤之事，因為那展現了他們親切的手足之情。他們相信勞動是神聖的，無論工作有多麼累人、多麼棘手，都不會逃避。他們毫不懈怠，盡力完成自己的工作，畢竟禪僧不能無所事事，沒辦法像印度的托缽僧或遊方僧那樣生活。

從心理學來看，身體勞動有絕佳的功效，修行者藉此伸展筋骨，剛好能治療長年打坐而產生的弊病。否則，禪宗的修行者非常容易有心智遲緩的問題。在大多數的宗教裡，隱修者的苦行都是強調身心分離。在他們的想像中，身體被排除在心靈活動外，或者心念不會影響身體。他們以為身體是身體，心是心，忘了這種區隔只是觀念或理論上的假設。修行的目的就是打破這基本的區分，時常自我提醒，避免只單一強調身或心。悟的境界不是空虛狀態，但至少要消除這些一分為二的區分觀念。寂靜的冥想很容易導致心智活動停滯，對於開悟沒有任何幫助。若想要有所進步，修行者必須時刻注意，避免心智最終喪失它的流暢性。因此，禪宗反對只單純修習禪那。身體經常保持活動，內心也會保有活力，時時處於警醒的狀態。

從道德上來看，體力勞動也正好能檢驗自己的思想是否一致，這也是禪宗最為強調的，不能反映實際生活的抽象概念，是毫無價值的。我們應當透過經驗獲得信念，不能依靠抽象思考。道德感無論如何都高於理性判斷，也就是說，真理必須立足於人的生活經驗之中。

閒暇無事的空想不是禪修。坐禪當然是必要的功課，但它必須與勞動中體會到的道理融為一體。禪師禁止弟子終日沉浸於冥想三昧之中，這樣才能將靜坐中所得的想法全部放入活動中，好在現實生活中檢驗其有效性。如果師父不相信勞動的效用，不注意僧侶的血液循環和筋骨鍛鍊，我相信，禪修就會淪落為催眠方法，只用來引發人的出神狀態。而中國和日本的禪師原本辛苦保存的無上妙法，也會被當成沒有價值的東西，當作無用的雜物堆在一旁。

下面談談日本的禪堂。這是一種長方形的建築，其大小根據僧侶人數而有所不同。以鎌倉圓覺寺為例，禪堂長約十九點八公尺，寬為十點七公尺，可容納四十名僧侶。每位僧人可分配到一塊榻榻米（長一點八、寬零點九公尺的長方形席子），可用來休息、坐禪，晚上就攤開被子睡在上面。不論冬夏，只有一床一點八公尺長的被子，連枕頭也沒有，各人用自己的隨身物品當作枕頭。可是，他們所有家當只有這些：一套袈裟、一件常服、一隻剃刀、一套餐具還有幾本書。他們把這些東西裝在一個寬三、長三點九、高一公尺的厚紙箱裡，旅行時用一條很寬的帶子把它掛在胸前，這樣，僧人就可以帶著全部家當一起行走了。俗話說：「三衣一缽，日中一食，樹下一宿。」這句話真實地描繪了過去印度僧侶的生活。與之相比，現代的僧侶的物質供給可說是非常豐富。禪僧的生活需求得降到最低，如果對出家生活有憧憬，就必須能過這種簡單無比的生活。依照佛教教義，佔有欲是所有強烈情感中最壞的一種，人類很容易被它所誘惑。事實上，每個人都受到這種佔有欲所驅使，因而導致了這世上種種不幸的境況。為了追求權力，強者霸凌弱者；為了追求財富，富人和窮人拔刀相向。除非這種執著與佔有的衝動能完全根除，否則國際戰爭只會愈演愈烈，而社會變得更為動盪不安。

人類有史以來，歷史都是這樣發展，那我們有辦法在完全不同的基礎上重建社會嗎？個人或國家渴求壯大，所以不斷追求權力、累積財富，這種趨勢有辦法停止嗎？佛教僧侶感到失望，因為人世間充滿了這些不合理的境況，於是他們走向另一極端，放下了所有正常人該有的享受，無論那些娛樂有多麼正當。僧侶把家當裝進一個小箱裡，充滿展現禪的理念，也許它無足輕重，但卻是他們對現代社會體制的無聲抗議。

在印度，僧侶在午後絕不能進食，早飯也不是歐美人士的那種規格。他們一天內只能吃一份適量的餐點。禪僧基本上不吃晚飯，但有時氣候嚴峻，就不得不多用一餐。為了減低內心的罪惡感，這份餐點便有特殊的意義，僧侶稱之為藥石。早飯在天亮前吃，吃的是粥和醃菜。主餐時間在午前十時左右，有米飯（或麥飯）、菜湯、醃菜。午後四時吃中午所剩的飯，伙房並不特別準備。如果不是接受施主招待或信徒的邀請，他們的飯食一年到頭都不會有什麼變化，不能違逆清貧和簡單的原則。

然而，僧人的生活理念並非出於禁欲主義，因為就禪的真諦來看，禪宗既不是禁欲主義，也不是其他的道德派別。從表面上看，禪宗主張要壓抑情感、去除各種執著，因為畢竟它是正統佛教的支派，多少會包含令人畏懼的印度教苦修精神。事實上，僧侶生活的中心理念是，接收到的物資要物盡其用，絕不能隨意浪費，這也是佛教在各個領域所強調的精神。事實上，智力、想像力和其他所有心智功能，以及我們周邊的物體（包括我們的身體），它們存在的目的，都是為了讓我們充分開展並提升自己的能力，而不是用來滿足個人一時的衝動或欲望，否則勢必會跟其他人在利益與權利上發生衝突。僧侶在生活上之所以保持簡樸，背後的理念就是考慮到這些弊病。

開飯時，雲板響起，僧人們各自捧缽，列隊自禪堂而出。指揮者搖鈴之後，他們才能坐下。碗是木製或紙製的漆器，一般有四個或五個，大小不一，所以可以疊放起來。僧人讀完《心經》和五觀誦之後，負責僧人餐點的「行堂」就會來打飯。但在下箸之前，他們要為死者、此世和彼世的生者祈福，各分出七粒飯來奉獻於他們的靈前。進食時堂內一片肅靜，食器輕拿輕放，眾人一言不發，絕不可談話。在要求添飯時，僧人只能合掌示意。進食對僧人來說是很嚴肅的事情。當二次添飯時，行堂將飯盆放在僧人面前，僧人拿起碗，輕輕摩挲碗底，把它擦淨，以免弄髒行堂的手。在行堂盛飯或舀湯時，僧人兩手相合，盛夠時則輕摩兩掌，以示飯菜都足夠了。

按照規定，僧人一定要把自己那一份飯菜吃完，一點菜渣或飯粒都不能留，這也是修行的一部分。吃了三碗或四碗飯後，用餐完畢，指揮者敲響雲板，行堂搬來熱水。僧眾用自己最大的碗盛滿熱水，將其他食器放入其中仔細洗刷，再用自己帶來的布擦乾淨。最後行堂搬來木槽，眾僧將髒水倒入其中。僧人各自將自己的碗收起，用布包好。這時，飯桌上一片清淨，只剩下剛才施食給亡靈的少許飯粒。雲板再次敲響，僧眾們和來時相同，再次列隊肅靜地離開飯堂。

眾所周知，禪僧要從事勞動生產。若無需待在室內禪修，那麼夏天大約是五時半，冬天是六時半左右，僧人早飯後立刻會去庭院打掃，或禪堂附屬的田地中耕作。之後，一群人又到附近的村裡化緣。他們經常把寺院內外打掃得乾乾淨淨，所以一般人說「這裡好像禪寺一樣」時，意味著環境保持得非常整潔。有一些施主信徒，會供給禪堂米和蔬菜。僧侶也常常到十幾里遠的地方去買南瓜、番薯和蘿蔔，把它們裝在板車上，在鄉間小路上拉回來。他們有時還到山上砍柴，也從事各種農務。他們必須過自給自足的生活，所以既能當農夫，也能當技工，純粹的體力勞動也可以。在專業的建築師指導下，他們還自己修建禪堂或房舍。他們絕不敷衍從事，比一般勞動者還要辛苦。畢竟，勞動就是他們的修行。

僧伽是自治團體，有他們有自己的廚師、訓導人員（維那）、管理人（監院）、僕役、司儀（知客）等。住持，也就是師父，是禪堂的精神支柱，但不直接管理寺院大小事務，而由經過數年考驗、人格得到陶冶訓練的年長僧侶們擔任。說到禪宗的基本特色，一般人首先會驚訝於禪理是多麼高深莫測。因此，我們會想像，禪堂裡的人跟外界毫無接觸，一定是板著面孔，臉色蒼白，總是垂頭默想。但禪僧們都是普通人，照樣健康地生活著，使勁投入粗重的勞動。他們充滿活力，也有幽默感，也熱於助人，也不會把工作當成低等、無價值又粗俗的勞務。他們體現了百丈懷海的精神，並圓滿發展自己的各項能力。僧侶們不接受形式或刻板的文字教育，那只是透過書本和抽象理論去學習。禪堂生活的基本原則是「做中學」，所以他們所接受的訓練都強調實用與功效。他們蔑視軟性教育，那就像已處理過、好消化的食物，只是讓病人方便食用。據民間傳說，獅子產子後三天，就把牠們推下懸崖，檢驗幼獅是否能自己爬上來，爬不上來的就棄之不顧。傳說的真偽姑且不論，禪師們對弟子所採取的種種手段，乍看起來違背常識，卻與此十分相似。僧侶們常常沒有足以保暖的衣裝，沒有足以充饑的食物，也沒有充足的睡眠，但卻被要求從事更多的精神工作和體力勞動。然而，外在的訓練與內在的精進相輔相成，僧侶的個性由此鍛鍊起來，使他具備了優秀品格，以成為夠格的禪師。這種獨一無二的教育體系，至今還在各處臨濟宗的禪堂中實行。過去一般人不知道僧侶生活的各個面向，但現在已經有很多資訊可以得知一二了。

然而，現代社會商業化、工業化的角度也無情地的席捲東方社會，任何領域都無法倖免。經過漫長時間保留下來的禪宗祕境，只怕在不遠的將來就要被物質主義的濁流所淹沒。就連僧侶自己也漸漸誤解了祖師的精神。傳統的僧院教育方法，儘管有改革的必要，但禪宗若要代代相傳，延續法脈，就得保留它對生活和工作所灌注的高度宗教精神。

在理論上，禪的真理超越全宇宙，不受二元對立的法則所束縛。然而，這個原則很容易遭人誤解，很多人便無法走在修行的正道上，一不小心跌倒，就會墜入深淵。禪的修行者很容易失去自制力，像中世紀的神祕主義者那樣，成為放蕩主義者。我們在歷史上已看過無數的例子，從心理學來看，這種墮落現象也很容易理解。

有位禪師說：「人的理想應該高遠，如毘盧遮那佛的佛冠；但生活的態度應該謙恭，如同跪倒於赤子腳下。」僧院生活有這麼多規定細則，就是為了要求修行者身體力行，以服膺這個精神。有了這層防護，時至今日，禪的修行者才不會像中世紀的神秘主義者那樣放浪形骸。因此，禪堂生活在整個禪宗教學體系扮演非常重要的角色。

唐朝的丹霞天然有天到慧林寺掛單，那晚氣溫突然驟降，於是他搬來寺院裡的木佛，當作木材燒來取暖。住持一看大怒：「怎麼可以燒我們寺院的木佛！」丹霞用他的拄杖撥了火堆，說：「燒了才能取舍利子啊！」住持說：「木佛哪有舍利子？」丹霞答道：「既然沒有，再拿兩尊來給我添火取暖。」住持聽了這種大逆不道的說法後，掉光眉毛；而丹霞沒有得到任何報應。1

這是非常有名的傳說，但我對它的歷史真實性非常懷疑。許多禪師認為，丹霞這種大逆不道的行為，正足以證明他的道行高深。有位僧人向他的師父問道，丹霞燒佛這個行為有什麼道理，師父說：「天冷就要找有火的地方取暖。」僧人又問：「那麼，這種行為究竟是對是錯？」師父答道：「天熱的話就要找清靜的地方納涼。」先不論就禪宗的立場來看，丹霞的行為究竟有何價值，但從那無疑是褻瀆佛陀，虔誠的佛教徒都應竭力避免。未充分理解禪理的人，就會犯下各種逾越常規、甚至是違法亂紀的行為。因此，禪院立下這麼嚴格的規定，就是為了打消我們心中固執的傲慢，讓我們從內在外保持謙卑再謙卑。

明朝的雲棲袾宏著有《緇門崇行錄》，以討論佛教的十種值得稱讚的行為。[2]一位自以為是的僧人前來討教：「就我對禪的理解，世界本身一塵不染，那實現這十種行為有什麼用呢？」袾宏說：「五蘊（色、受、想、行、識）糾纏我們的生命，四大元素（地、水、火、風）組成的世界不斷擴張，怎麼說這世界一塵不染？」僧人繼續辯解：「四大元素都是空，五蘊都不是真實的。」袾宏聽完後，就給對方一巴掌，說：「你只是如鸚鵡學語一樣照本宣科，沒有掌握到真理。再給你機會說說看。」但僧人什麼也答不上來，悻悻然離去。袾宏微笑著說：「此君臉上都是塵埃，怎麼不知道要先擦擦自己的臉呢？」由此得知，高明的洞察力與謙虛柔和之心，兩者必須相輔相成，缺一不可。

在僧院生活中，有一段特別的時間是專門用來訓練僧人的心智。除非絕對必要，這段時期僧人完全不從事勞動工作。此訓練稱為大接心，在稱為夏安居和冬安居的不同季節中進行，每次要持續一週。根據地區有所不同，但大體上夏安居從四月開始，到八月結束；冬安居從十月開始，到翌年二月結束。所謂接心，意味著「集中」或「統攝」心智。在特訓進行期間，僧侶禁止在禪堂內走動，要比平常起得更早，晚上坐禪的時間也更久。每日禪師都會講課、開示，教科書主要是採用《碧巖錄》、《臨濟錄》、《無門關》、《虛堂錄》、《槐安國語》等。《臨濟錄》節選了臨濟宗創始人的說教和問答。《碧巖錄》如前所述，包含了百件公案，並附上註釋、解說與評析。《無門關》公案選集則收錄了四十八則公案，比《碧巖錄》簡單。《虛堂錄》收錄宋代虛堂智愚的談話、詩偈及其他作品。虛堂禪師是日本大應國師的師父，大應回到日本後開創大應派，目前在日本仍很興盛。《槐安國語》由白隱禪師所編集，收錄大燈國師的教誨以及古德們的解說與評析。對一般讀者來說，這些書玄之又玄，非常難以理解。如果內心沒有受到啟蒙，就無法理解禪的真諦，即使聽人講課，也還是一頭霧水。初學者找不到頭緒，不一定是因為那些著作玄奧難懂，而是他們內心還充滿了許多非此即彼的分別心。

在接心期間，除了有師父開示，弟子還要進行參禪。所謂參禪，就是弟子到師父那裡評論公案，接受師父的嚴厲考核。在平常修行的日子，參禪每日進行兩次，但在接心期間，弟子必須每日會見師父四至五次。弟子單獨與師父討論，一個接一個進到師父房間去，室內氣氛十分嚴肅，也有既定的儀式。在跨入師父房門前，弟子得先跪地頂禮三次，然後雙手合十走入室內，走近師父時，還要再跪拜一次。這個儀式結束後，不必再進行形式上的寒暄。接著兩人就可以針對禪學問題進行激烈交鋒。師父和弟子當下唯一的意圖，就是全神貫注激盪出禪的真諦，剩下都是其次的問題。參禪結束後，弟子也是莊重地先跪拜師父，退出房門後再跪拜三次。對師父來說，參禪也是一場試煉。每次參禪要耗費至少一個半小時，他得殫精竭慮，接連面對三十位弟子。

在修行過程中，弟子要全然信任師父對禪的理解。然而，如果弟子相信自己有充分理由能質疑師父的見解，可以在參禪時當面提出。然而，無論對師父還是對徒弟，這種討論絕不是閒扯淡。事實上，那是最嚴肅的事情，禪修的精神價值就在其中。看看日本臨濟宗創始者白隱慧鶴禪師的故事，便可得知一二：

一天夏天傍晚，師父正坐在屋簷下納涼，白隱上前表發自己的見解，師父大罵：「你在胡說些什麼！」白隱也高聲叫道：「你在胡說些什麼！」師父捉住他，打了二三十拳，將他推落堂下。當時才剛下過一陣大雨，白隱俯臥在泥濘中，動彈不得。師父在簷上呵呵大笑，過了一會兒，白隱清醒過來，滿身髒汙，向師父頂禮，師父高聲道：「這邊有個住在洞穴的野人啊！」

此後，白隱日以繼夜、廢寢忘食想參透公案。一天，覺得自己有些省悟，又來到師父房內，使盡渾身解數與之爭辯，但師父仍不同意他的見解，只是說：「住在洞穴裡的野人吶！」

白隱陷入絕望，決心辭別師父。一日，他正在村裡化緣，有個狂人拿掃帚要打他，白隱忽覺省悟，禪的真理突如其來地閃現在他心裡，從前隱藏的真理被他完全抓住了。他喜不自禁，回到師父門下，將途中所得講述一遍，師父不置可否，只是微微笑而已，從此才不罵他「洞穴裡的野人」。3

沒想到日本禪宗的祖師爺受過這種磨練吧！把白隱推到泥地上的正受老人，真是個殘酷的老頭。但是，在弟子經過百般試煉、志得意滿回來時，他又是多麼慈祥。事實上，在禪修中，沒有什麼半套功夫；任何半調子的作法，都跟禪修無關。修行的目的，就是想悟得最深層的道理。人脫去了理性或其他一切外表的粉飾，回到了赤裸裸的本來面目，才能夠掌握真諦。正受那一掌打掉了白隱的幻想和虛假的感受。我們的生命被它們層層包覆，所以才無法認識內在的自性。所以，為了讓弟子們接觸到內在的自性，真正獲得禪的知識，禪師們往往訴諸於這種乍看起來不人道的方法，甚至很難看出當中有一絲善意。

禪堂不是像公立學校那樣，有既定的畢業年限。有的人在裡面住了二十年也不能畢業。只要有堅韌不拔的精神，就算資質一般，十年之內還是可以精通禪學中大大小小的面向。但是，要把禪理落實到人生每一時刻，隨時都沉浸在禪的意念中，就要另一番工夫了。一輩子的時間還不夠修行，據說連佛陀和彌勒佛都沒能完成自己訓練的一半。

要成為圓滿具足的禪師，僅僅了解禪的真諦還不夠的，還必須經過所謂

「聖胎長養」的時期。此語原出自道教，現在也廣義用在禪學領域，意思是生活的每一片刻都不違背禪理。在合格的師父指導下修行，僧侶最終可以獲得所有的禪學知識與奧祕。不過這方面再怎麼精進，都還是知性的範疇。僧侶從心識到行為，都必須符合師父的教導，才能有所成長。做到這一點，弟子又需要更進一步的修行。畢竟在禪堂所學的只是入門磚，讓弟子知道要在哪些面向投入最多心力。但是，留在禪堂內不是唯一的出路。相反地，透過知性所學到的禪理，必須實際應用，在真實世界中才能得到驗證。當然，禪宗沒有立下「長養」的步驟。每個人都必須按照自己對各種人生境遇的判斷來行動。他可以到山中過棄世生活，也可以身居鬧市，積極參與各種社會活動。據說六祖辭別五祖後，在山中住了十五年。直到他去聽印宗和尚講課，世人才知道他的存在。慧忠國師在南陽住了四十年，完全沒有進到都城，但遠近皆知他的修為，最後在皇帝的請託下，他才願意離開草庵。

溈山靈祐在荒野中住了數年，以胡桃為食，與猿鹿為伴，但最終信徒還是發現這位高僧，並為他建造了大僧院，門下有一千五百位弟子。京都妙心寺的第一代住持關山玄慧，起初在日本中部的美濃地區過隱居生活，白天還在村子從事勞務。他一直默默無名，直到偶然被人發現他的修為，天皇才為他在京都建造了這座大寺院。白隱禪師早年是駿河一間古寺的住持，在世上他唯一擁有的也只有這個職稱。從以下的文字我們可以就想像這座寺院的荒廢程度：

> 屋頂壞了，夜裡抬頭就看到滿天星光。地板也殘破不平。有事到正殿時，如果遇到下雨，還要打著傘、穿上木屐。寺中所有財產都屬於債主的，僧人的家當也都拿去抵押了。

在禪宗歷史上，還有許多在隱遁生活之後再次出世的大師。他們不是在從事苦行，而是如前面指出的，是為了「長養」道德品性。有許毒蛇猛獸在洞口等待，如果不把牠們壓制在地，當牠們再次起身攻擊，我們想像中的道德體系就會馬上崩塌。此外，背棄各種律法的反律法主義（Antinomianism）也是修行者很容易掉入的陷阱，要時刻警惕自己。

從某方面來看，在禪堂中實行的這種僧院教育，無疑有些過時了。但是，簡單生活、節制欲望、精進不懈、獨立自主以及為善不欲人知的「隱德」這些基本方針，無論在哪個地方、任何時代，都是對人生有助益。特別是隱德，它是禪修中最具代表性的原則。也就是說，不可浪費自然資源，要物盡其用。無論我們收到什麼東西，出於道德或經濟考量，都要妥善使用它。對於自己和周遭世界，要懷著最感激、最崇敬的心情。在現實生活中，我們行善而不求回報。幼子溺水，我便入水相救，此舉不為了任何目的，只是在那個狀況下自然該做的事。救起幼兒後，我頭也不回就離開，不再想起這件事。雲飄走了，天空還像原來那樣晴朗。禪宗這稱它「無報酬的行為」，就像試圖挖冰雪去填井一樣。

根據《馬太福音》記載，耶穌基督說：「你施捨的時候，不要叫左手知道右手所做的，要叫你施捨的事行在暗中。」這就是佛教的隱德。然而基督又說：「你父在暗中察看，必然報答你。」在此，我們可以看到佛教與基督教之間深刻的區別。如果有某個實體，它知道我們的行為，還能給予報酬，不管它是神還是惡魔，禪宗都會認為，那不是我們的朋友。當我們做某事時，是想著將有回報，那就會留下足跡或蹤影。這時神魔就有辦法跟蹤我們，掌握我們的一舉一動，要你對自己的所作所為負責。但在禪宗裡面，沒有這樣的神魔。善行就像一件完美的衣裳，從內到外都找不到縫線，是一件完美的作品，看不到從何處開始編織，也不知道如何編成。因此，禪者中做完善事後，沒有產生一絲炫耀或自我讚美的念頭，更不要求回報。就算是神明的獎賞，他也不會收下。中國的哲人列子以具象的方式描述這種心境：

心裡有什麼念頭，我也不會批判；想說什麼，就說出口。我不知道這樣隨心所欲，對自己有什麼好處、壞處，也不知道對別人有什麼好處、壞處。也不知道老商氏是我的老師，也忘記伯高子是我的朋友。身心內外都蛻變了，從此以後，眼睛像耳朵、耳朵像鼻子、鼻子像嘴巴，感官沒有什麼區別了。心神凝聚、形體消失，骨肉都融化了。感覺不到身體依靠什麼、腳下踩著什麼。我跟著風東飄西移，就像枯葉跟乾掉的樹皮一樣。到底是風駕著我、還是我駕著風，自己也搞不清楚了呢！[4]

德國神祕主義者陶爾（Johannes Tauler）將這種美德稱為「神貧」。按照他的定義，這種絕對的貧窮就是：「無論誰曾得到你的幫助，或有負於你，都不需要記住。就像人生的旅途終了、死亡來臨時，一切都要忘掉。」

在基督教文化底下，人們已習慣意識到神的存在，也常說在神的庇佑下，我們生活、我們行動，並擁有生命。但在禪修的過程中，連這最根本的意識都要抹去，不再提及神的存在。所以，禪師要求「有佛處不得住，無佛處急走過」。禪堂中僧侶所接受的一切訓練，無論是實作或是理論，都是以「無報酬」為原則。中國人在詩中表現這樣的精神：

以竹掃帚的影子掃地，清不走任何灰塵；
月光照到潭底，但水面毫無動靜。[5]

歸根到底，禪宗只關注個人的內在經驗。只要是純粹經驗上的事物，那就跟禪有關。光憑閱讀、聽講或是沉思，都無法使人成為禪者。我們必須在流動的生命中掌握生命本身。為分析和研究而阻斷生命之流，就是殺害生命，那時你就只能擁抱冰冷的屍體。因此，禪堂中的所有活動和教育弟子的一切細則，都是為了彰顯這個道理。通觀整個東方佛教史，日本、中國有這麼多宗派，而禪宗始終保持它獨特的地位，毫無疑問地，都要歸功於禪堂制度。

1 《五燈會元》，卷五。
2 《遠羅天釜》。
3 編註：這十種行為分別是：歡喜行、饒益行、無瞋恨行、無盡行、離癡亂行、善現行、無著行、尊重行、善法行與真實行。
4 《列子・黃帝第二》：「橫心之所意，橫口之所言。亦不知我之是非利害歟，亦不知彼之是非利害歟。亦不知夫子之為我師，若人之為我友，內外進矣。而後眼如耳，耳如鼻，鼻如口，無不同也。心凝形釋，骨肉都融。不覺形之所倚，足之所履，隨風東西，猶木葉乾殼。竟不知風乘我邪，我乘風乎。」
5 《五燈會元》，卷十六：「竹影掃階塵不動，月穿潭底水無痕。」

禪學入門：世界禪學宗師鈴木大拙安定內心、自在生活的八堂課／鈴木大拙著；謝思煒譯.
-- 初版. -- 臺北市：時報文化，2020.09；224面；14.8×21公分. --（知識叢書）--
譯自：An Introduction to Zen Buddhism
978-957-13-8307-1（平裝） 1.禪宗 2.佛教哲學 3.修身 4.生活指導
226.65 109010619

作家榜经典文库®

ISBN 978-957-13-8307-1
Printed in Taiwan

知識叢書1090

禪學入門：世界禪學宗師鈴木大拙安定內心、自在生活的八堂課
An Introduction to Zen Buddhism

作者 鈴木大拙｜譯者 謝思煒
主編 郭香君｜責任編輯 許越智｜責任企劃 張瑋之｜封面設計 兒日｜內文排版 張瑜卿
編輯總監 蘇清霖｜董事長 趙政岷
出版者 時報文化出版企業股份有限公司 108019臺北市和平西路三段240號一至七樓
發行專線 (02)2306-6842｜讀者服務專線 0800-231-705・(02)2304-7103｜讀者服務傳真 (02)2304-6858
郵撥 1934-4724時報文化出版公司｜信箱 10899臺北華江橋郵局第99信箱
時報悅讀網 www.readingtimes.com.tw｜電子郵件信箱 ctliving@readingtimes.com.tw
綠活線臉書 https://www.facebook.com/readingtimesgreenlife/
法律顧問 理律法律事務所 陳長文律師、李念祖律師
印刷 紘億彩色印刷有限公司｜初版一刷 2020年9月｜定價 新台幣280元